Franz Xaver Riedl / Alfons Schweiggert

Bilder lesen –
Texte schreiben

Bildergeschichten zum kreativen Schreiben
in der 1. und 2. Klasse

Gedruckt auf umweltbewusst gefertigtem, chlorfrei gebleichtem und alterungsbeständigem Papier.

1. Auflage 2008
Nach den seit 2006 amtlich gültigen Regelungen der Rechtschreibung
© by Brigg Pädagogik Verlag GmbH, Augsburg

ISBN 978-3-87101-353-9
www.brigg-paedagogik.de

Inhaltsverzeichnis

Vorwort

Unsere Welt ist ein Universum aus Zeichen und Bildern – und dies ist auch ein großes Thema im Deutschunterricht der Grundschulklassen 1 und 2.

Wir nehmen die Welt in Bildern wahr, legen unsere Erfahrungen und Empfindungen in sie hinein und entwickeln daraus unwillkürlich Geschichten. Betrachten und Lesen ist ein ähnlicher Vorgang, Betrachten und Erzählen auch: Wir geben einem Bild Sinn und Bedeutung, indem wir es in eine Geschichte verwandeln. Bilder brauchen den Betrachter und sind ständige Aufforderung zum Dialog. Wir gestalten die Welt immer wieder neu, indem wir die auf uns einwirkenden Bilder stets aufs Neue interpretieren.

Bereits von Kindheit an wird das Bewusstsein durch Bilder geprägt, werden durch sie Verstand und Gefühle beeinflusst. Doch richtiges Bilderlesen will gelernt sein. Es gilt bereits in den ersten Grundschulklassen, die Wahrnehmungs- und Beobachtungsfähigkeit zu schulen und damit die Reflexion über verschiedenartige Bilder und Zeichen zu fordern und zu fördern. Es ist daher bedeutsam – Wissenschaftler befürworten dies – Kinder frühzeitig daran zu gewöhnen, Bilder differenziert zu betrachten und richtig zu interpretieren. Es gilt, das Lebendige in den Bildern zu erfassen, da in ihnen ein Geschehen, also eine Geschichte, enthalten ist. Kinder lassen sich gerne darauf ein. Sie lieben Bilder. Hier setzt unsere Unterrichtshilfe „Bilder lesen – Texte schreiben" an.

Das Lesenlernen von Bildern bezieht sich auf alle nur denkbaren Bildsorten. Zur Einführung des Bilderlesens in der 1. und 2. Klasse haben wir nur wenige grafisch unterschiedliche Bildarten ausgewählt. Wir bearbeiten Einzelbilder, Bilderfolgen mit 4–6 Bildern mit und ohne Text, Suchbilder und auch Fotografien aus dem Erlebnisbereich der Grundschulkinder. Dazu finden sich zahlreiche kindorientierte Schreibanregungen und die Erzähllust weckende, in der Praxis erprobte Arbeitsblätter. Sie lassen individuelle Schreibideen entstehen, die in Einzel- oder Gruppenarbeit, im Klassenverband wie auch in der Freiarbeit Gestalt annehmen.

Lehrkräfte wissen, dass Bildergeschichten die Wahrnehmungs- und Schreibkompetenz aufs Beste fördern. Bilder regen die Schüler zur Selbsttätigkeit an. Sie entwickeln und fördern die Fähigkeit zum kritischen Beobachten und zum sicheren Beurteilen. Die angebotenen Themen bzw. Einheiten können variabel in den beiden Klassenstufen eingesetzt werden. Je nach individuellem Leistungsstand bieten die Einheiten auch individuelle Einsatzmöglichkeiten. Wer so die Angebote dieses Buches nutzt, wird zahlreiche Anregungen für einen lebendigen Unterricht entdecken und den Schülerinnen und Schülern Freude bereiten – beim Betrachten der Bilder, beim Erzählen und Schreiben darüber sowie bei all den kreativen Möglichkeiten, mit ihnen umzugehen, wozu Bilder reichlich motivieren.

Franz X. Riedl / Alfons Schweiggert

Einführung:
Bilder lesen (BL) –
Texte schreiben (TS)

Es ist in der Grundschule – bereits von der ersten Jahrgangsstufe an – gängige Praxis, vielfältiges Bildmaterial im Unterricht einzusetzen. Bilder ermöglichen unterschiedlichste Begegnungen mit Sprache. Sie sind hilfreich im Leselernprozess und unterstützen beim Erzählen und Beschreiben.

Im täglichen Leben sehen sich Kinder wie Erwachsene einer kaum zu bewältigenden Bilderflut über Fernsehen, Computer, Illustrierten, Zeitungen, Bücher, Comics und auf Plakaten ausgesetzt. Zahlreiche Wissenschaftler fordern daher möglichst früh in der Grundschule das *richtige Sehen* zu lehren, d.h. die Kinder frühzeitig an das Bilderlesen zu gewöhnen. Deshalb verfolgen wir mit den vorliegenden Unterrichtshilfen „Bilder lesen – Texte schreiben" bereits im Deutschunterricht der 1. und 2. Klasse ein zweifaches Ziel:

- Einmal wollen wir mit zahlreichen Hilfen und Anregungen einen Weg zur Entwicklung, Förderung und Schärfung der Wahrnehmungsfähigkeit aufzeigen.
- Mit einer intensiven vorbereitenden Bildbegegnung verbinden wir die Förderung der mündlichen und schriftlichen Sprachkompetenz.

Bilderlesen lernen

Hauptziele sind:

- Eine intensive Förderung des Wahrnehmungsvermögens in der Bildbegegnung
- Die Fähigkeit zum differenzierten und analytischen Sehen und Beurteilen durch die Auseinandersetzung mit verschiedenartigen Bildern, Bildzeichen und Bildelementen entwickeln und fördern
- Durch den aktiven Umgang mit Bildern und Bildvorlagen eine möglichst grundlegende Voraussetzung für eine effektive mündliche und schriftliche Sprachproduktion schaffen.

Bilderlesen im Erstunterricht

- Das Lesenlernen von Bildern ist gleichbedeutend mit dem Lesenlernen von Texten. Die Kinder lernen im Anfangsunterricht Schriftsprache als ein Zeichensystem kennen, deren Sinn durch Lesen entschlüsselt werden muss.
- Aber auch die Sprache der Bilder kann als System von Zeichen aufgefasst werden, deren Bedeutung sich durch „Lesen" erschließen lässt.

Es ist durchaus denkbar, dass im Anfangsunterricht das *Lesenlernen von Bildern* im Leselernprozess mitintegriert und mithilfe unseres abwechslungsreichen Materials vermittelt werden kann.

Der Einsatz einfacher Einzelbilder

- Sie sollen dem Schüler helfen, das Wort über das Bild zu erfassen bzw. neue Wörter zu erlesen.
- Die Einzelbilder dienen als Sinnstütze beim sinnvollen Zuordnen und Zusammenfügen von einzelnen vorgegebenen Satzteilen.
- Sie dienen auch dem Ordnen von ungeordneten Sätzen zu einer sinnvollen Geschichte.
- Bei Lückentexten übernehmen die Bildzeichen die Aufgabe, das fehlende Wortbild aus dem vorgegebenen Wortmaterial richtig herauszusuchen und im Satz zu ersetzen.

Der Einsatz einfacher komplexer Einzelbilder

- Mit solchen Einzelbildern werden einfache Handlungszusammenhänge oder bekannte Alltagssituationen aus der Umwelt der Kinder wiedergegeben.
- Das sind Bilder mit Personen, Tieren oder Gegenständen, welche die Aufgabe haben einen Handlungszusammenhang herzustellen, der von den Kindern der Anfangsstufe leicht durchschaut werden kann.

- Solche Bilder dienen der Bild- und Gegenstandserfahrung, wobei die Kinder ihre ganze Aufmerksamkeit auf das vorgegebene Bild richten.
- Anschließend gilt es, den Bildinhalt zu verbalisieren bzw. textlich umzusetzen.

Das Bilderlesen im Unterricht

Versuche haben ergeben, dass Kinder durchaus imstande sind, Bilder in ihrer ganzen konkreten Informationsfülle wahrzunehmen, wenn sie sich dem Bild mit dem *Interesse der Informationsentnahme* zuwenden. Voraussetzungen demnach sind:

- Langsames, intensives Wahrnehmen – in mehreren Schritten
- Das konkrete Wahrnehmen von Einzelheiten und das genaue Erkennen der Bildgegenstände
- Ferner die aktive sprachliche Auseinandersetzung mit den Bildinhalten zusammen mit einem Partner oder in der Gruppe.

Aufgaben sind:

- Wir nehmen Einzelzeichen (auffallende Merkmale: Form, Größe) und Zeichenzusammenhänge (d.h. die Anordnung der Zeichen) bewusst und differenziert wahr.
- Wir entnehmen Informationen aus Bildern über Personen, Gegenstände, Situationen und Handlungen sowie über Stimmungen und Gefühle.
- Wir erkennen je nach Kontext Einzelzeichen in ihren verschiedenen Bedeutungsmöglichkeiten.
- Über das optisch Wahrgenommene tauschen wir uns im Partner- oder Gruppengespräch aus.
- In Bildfolgen und Bildgeschichten erkennen wir *die Gleichzeitigkeit bzw. das Nacheinander einer Handlung*.
- Bei Einzelbildern leiten wir das Vorher und Nachher ab – gegebenenfalls aufgrund von Bildzeichen (s. Hundegeschichte).
- Bilder und Text lesen wir in ihrer Verschränkung und stellen fest, welche Informationen das Bild und welche der Text hergeben (s. Spielplatzgeschichte).

Die Auseinandersetzung mit dem Bild

Das Gespräch

- Bilder bewusst zu lesen, heißt Bildzeichen und Bildelemente bewusst wahrzunehmen und zu deuten, bzw. sich mit dem Bild sprachlich auseinanderzusetzen.
- Die Kinder sollen ermutigt werden, Bilder zu befragen: Welche Informationen gibt mir das Bild? Macht es mir Freude? Regt es zu weiterem Nachdenken bzw. zu weiteren Aktivitäten an?
- Die Auseinandersetzung mit dem Bild heißt aber auch – bereits in der 1. Klasse – am Bild begründen und an Einzelzeichen nachweisen können, worauf die Bildbedeutung beruht, die interpretierend entnommen wurde.
- Bilder lesen bedeutet ferner, Bilder und Bildinhalt mit den selbst unmittelbar gemachten Erfahrungen und mit den eigenen Bilderfahrungen aus Film, Fernsehen oder Bilderbuch zu vergleichen.
- Bedeutet, dass die Kinder die vorgegebenen Bilder mit ihren persönlichen Erfahrungen konfrontieren dürfen. Dabei werden sie langsam feststellen, dass Mitschüler aufgrund anderer Erfahrungen Bilder anders verstehen und bewerten als sie selbst.

Lesetechnische Qualifikationen

Folgende sollten in der 1. und 2. Klasse erworben werden:

- Einzelzeichen (in Form, Größe und Farbe) und Zeichenanordnungen bewusst und differenziert wahrnehmen
- Informationen aus Bildern entnehmen über Personen, Gegenstände, über Beziehungen, Situationen und Handlungen, aber auch über Stimmungen und Gefühle
- Einzelzeichen in ihrer Bedeutung und/ oder (je nach Zusammenhang) in ihren verschiedenen Bedeutungsmöglichkeiten erkennen und versprachlichen
- Über Bildinformationen mit Mitschülern in der Gruppe oder mit dem Partner ein Gespräch führen

- Aus Bildern wichtige Informationen entnehmen; Einzelheiten bzw. Unwesentliches übergehen bzw. weglassen; Wichtiges von Unwichtigem unterscheiden lernen
- In Bildfolgen, in Bildreihen die Gleichzeitigkeit bzw. das Nacheinander der Handlung erkennen
- Bei Einzelbildern das Vorher und Nachher ableiten, gegebenenfalls aufgrund von indexikalischen Bildzeichen
- Aus Bildern gegenwärtige oder vergangene Momente ablesen.

Bilder lesen und Texte schreiben

Auch die Kinder der 1. und 2. Jgst. sind durchaus imstande, aus Bildern Informationen zu entnehmen. Kinder lernen von Anfang an, dass Bilder ihnen Informationen über Sachverhalte geben können, die sie bisher noch nicht kannten. Aber (!) nur durch das häufige Betrachten, Registrieren und Analysieren der Bilder entwickeln die Kinder zunehmend ein bewusstes, differenziertes und vertieftes Sehen.

Bereits für die Kinder der 1. und 2. Jgst. bedeutet bewusstes Wahrnehmen, während der Bildanalyse an Einzelzeichen und Zeichenzusammenhängen zu begründen, worauf die aus dem Bild entnommenen Informationen und Bildbedeutungen beruhen. Kinder, die ihre ganze Aufmerksamkeit und ihr Interesse dem vorgegebenen Bild zuwenden, sind nicht nur imstande mit ihrem Partner über das Bild zu sprechen, die ganze konkrete Informationsfülle wahrzunehmen, ihre eigenen Erfahrungen einzubringen – sie sind anschließend auch fähig, den Bildinhalt zu verbalisieren, mit dem Partner darüber zu sprechen und zu diskutieren, und schließlich auch schriftsprachlich anzuwenden.

Dabei ist nicht zu vergessen, dass es nicht nur um die Informationsentnahme geht, sondern auch um den Erwerb einer differenzierenden und kritischen Haltung gegenüber Bildern. Es ist heute in einer Zeit der „Bilderschwemme" wichtig, die Kinder von einer gläubig rezipierenden Haltung weg zu einer differenzierenden kritischen Haltung gegen-

über Bildern zu führen. Langfristig muss das Ziel darin bestehen, eine Motivation zum bewussten Lesen von Bildern aufzubauen.

Die Spracharbeit mit den Bildergeschichten

Selbstverständlich ist und bleibt das sogenannte Bilderlesen die hilfreiche Basis für den Aufbau und Ausbau der Sprachkompetenz der Kinder:

Bilder, Einzelbilder und Bildfolgen ermöglichen bekanntermaßen unterschiedliche Begegnungen mit der Sprache (s.o.), daher sind unsere Arbeitsblätter entsprechend aufgebaut:

Eine Einheit besteht aus einem Blatt „Lehrerinfos" und vier Arbeitsblättern.

AB 1 Das Bildleseblatt

- Das erste Arbeitsblatt stellt eine konkrete Situation oder Aktion aus der Erfahrungswelt des Kindes vor (z.B. „Am Strand", „im Kinderzimmer" usf.). Das gezeichnete Bild vermittelt über eine konkrete Situation detaillierte Informationen, die von Kindern erfasst werden sollen.
- Die lustbetonten Arbeitsaufgaben in Form von Suchaufgaben motivieren das Kind auf spielerische Weise zum „genauen Betrachten".
  Es soll gezielt auf bestimmte Merkmale oder Details achten.

In den Arbeitsblättern 2 und 3 werden sprachliche Bausteine für eine vorgegebene oder auch freie Textproduktion erarbeitet und gefestigt.

AB 2 Arbeit am Wort: Wortarten

Namenwort, Tunwort, Wiewort
Die Übungen dienen der Wortschatzerweiterung, dem Hinterfragen und Klären der Wortbedeutung sowie als Anleitung zur richtigen Wortwahl.

AB 3 Arbeit am Satz

Die Übungen sind Hilfen bei der Satzbildung: Bildern treffende Sätze zuordnen bzw. mithilfe von Stichwörtern Sätze formulieren; aus einzelnen Wörtern Sätze bilden; einfache und längere Sätze formulieren; Satzteile zuordnen, Sätze richtig aufschreiben; Unsinnsätze richtig stellen; Redesätze kennenlernen und in Sprechblasen einfügen.

AB 4 Arbeit an der Geschichte

- Diese Arbeitsblätter mit verschiedenartigen Vorgaben sollen zu schriftsprachlichen Gestaltungsversuchen, zum Aufbau eines Sprachganzen anregen oder als Textvorbild zur Nachahmung dienen.
- Als Strukturierungshilfen für leistungsschwächere Schüler dienen zahlreiche Hilfen zum Zusammenbauen und/oder Ordnen von Satzteilen oder zum Aufschreiben von kleinen Geschichten in einfachen Sätzen.
- Die Bilder einer Geschichte in der richtigen Reihenfolge ordnen, die richtigen Sätze zuordnen – dies sind Schreibaufgaben für ein gelenktes bzw. freies Schreiben.
- Erste Sprachgestaltungsaufgaben bereiten den Aufsatzunterricht für die nächsten Jahrgangsstufen vor: die richtige Reihenfolge (Sinnschritte) beachten lernen; wie einen Anfang oder einen Schluss finden.

Bilder erzählen Geschichten

- Die Welt der Bilder ist wie eine faszinierende, atemberaubende Fahrt durch Zeit und Raum, die ganz ohne Worte mal lustige, mal traurige, mal nachdenkliche, mal anregende Geschichten über Leute, Dinge, Orte und Tiere erzählt.

- Wir lernen beim Bilderlesen: Man soll sich nicht mit dem ersten flüchtigen Blick zufrieden geben. Denn die Geschichten entstehen langsam im Kopf, und wir können sie weiter spinnen (s. dazu Seh-Schule 2).
- Manchmal müssen die Schüler dabei die Zeichensprache der dargestellten Figuren erst entschlüsseln: Mimik und Gestik der Figuren sind Zeichen für bestimmte Aufgaben, Stimmungen oder Gefühle (s. Seh-Schule 3).
- Sprechblasen oder Denkblasen sind Zeichen für Äußerungen. Was fällt den Kindern zu diesen Personen ein (s. z.B. Angstgeschichten)?
- Manchmal sind Bilder seltsam oder verrückt, erscheinen unsinnig und skurril. Sie regen an, lustige und unsinnige Geschichten zu erfinden (s. z.B. Quatschgeschichten).
- Manchmal braucht man Fantasie, um etwas herauszufinden. Und manche Bilder sind fast wie Träume (s. auch die letzte Einheit).

Die Konfrontation und der kritische Umgang mit Fotografien

- Fotos sind für Kinder glaubwürdige Abbilder der Wirklichkeit. Die letzte Einheit „Fotogeschichten" ist ein mögliches Beispiel, diese Faszination gegenüber Fotos zu hinterfragen. Die Kinder sollen behutsam zu einer kritischen distanzierteren Sichtweise gegenüber Fotos, Film und Fernsehen geführt werden.

Die Arbeitsblätter der sogenannten Seh-Schule haben folgende Aufgaben:

* **AB 1** gibt eine Anleitung zur Herstellung der Seh-Hilfen „Rahmen" und „Guckloch".
* Sie unterstützen die Suche nach den Bildzeichen und Einzelheiten auf einem Bild (Vorbereitung des Gerätes: Hausaufgabe).
* **AB 2** zeigt anhand eines Bildbeispiels, wie mit dem „Such-Rahmen" ein Ausschnitt eines Bildes genauer erfasst und analysiert werden kann.
* Mit dem Rahmen lässt sich ein Bild in „Teilbilder" gliedern, so dass der Bildinhalt genauer aufgenommen werden kann.
* **AB 3** zeigt den effektiven Weg der Bildbetrachtung.

Einsatzmöglichkeiten im Klassenverband:

Die Arbeitsblätter der „Seh-Schule" können als Grundlage für eine Einführungsstunde in das „Bilderlesen" mit entsprechenden anschaulichen Begriffserklärungen dienen.

Einsatz in Gruppenarbeit oder Freiarbeit:

Denkbar ist aber auch ein gezielter Einsatz einzelner Blätter in Einzel- oder Gruppenarbeit als Hilfen bei einer Bildbetrachtung.

Lernziele

* Den Weg der Bildbetrachtung kennenlernen und anwenden
* Die Mimik und Gestik von Personen als Ausdruck von Gefühlen und Stimmungen erkennen und deuten
* Bilder kritisch und distanziert betrachten lernen.

Durchführung

1. Motivation

1.1 Einstieg mit **AB 1**
  * Spielsachen und Kinder auf dem Bild (oben) finden und benennen
  * Was siehst du alles auf dem Bild?

1.2 Hilfsmittel zum besseren genaueren „Bild lesen": Rahmen, Guckloch zeigen
  * Hilfsmittel herstellen.

2. Erarbeitung

2.1 Hilfsmittel einführen und ausprobieren
  * Rahmen und Guckloch erklären
  * Wie du ein Bild betrachten sollst **(AB 2)**, lesen und ausprobieren, üben und beschreiben
  * Einzelheiten erkennen und erklären.

2.2 Weiterarbeit mit Sehschule 3 **(AB 3)**
Bilder erzählen Geschichten
  * Wie kann man die versteckten Geschichten entdecken?
  * Personen genau betrachten: Gesicht, Hände usf.
  * Was denken die Personen? Was fühlen sie?
  * Personen sprechen lassen
  * Mit dem Partner über das Bild sprechen: Was entdeckt dein Partner? Wie denkt er über das Bild?
  * Die Geschichte spielen.

2.3 Die kritische Betrachtung von Fotos
  * Eine grundsätzliche Einführung in die kritische Betrachtung von Fotos könnte mit der Behandlung der Unterrichtseinheit „Fotogeschichten" erfolgen.
  * Folgende Arbeitsaufgaben sind denkbar:
    → Was ist auf dem Bild wirklich echt?
    → Vergleiche das Foto-Bild mit deinen Erfahrungen.
    → Fotos miteinander vergleichen
    → Wie kann man ein Foto manipulieren?
  * Fotos und Bilder in Zeitungen und Zeitschriften sammeln, gemeinsam betrachten und besprechen.

Was siehst du alles auf diesem Bild? Schau genau!

Um alle Gegenstände und Personen auf dem Bild zu finden, musst du genau und geduldig hinschauen. Der Rahmen oder das Guckloch helfen dir.

Der Rahmen

Mit dem selbst gefertigten Rahmen kannst du das Bild oder den Bildausschnitt verändern.
Für den Rahmen schneidest du zuerst aus schwarzem Karton ein Rechteck aus. Dann zeichnest du am besten im Abstand von etwa 1–2 cm ein weiteres Rechteck auf und schneidest es aus. Dann bleibt der Rahmen übrig.

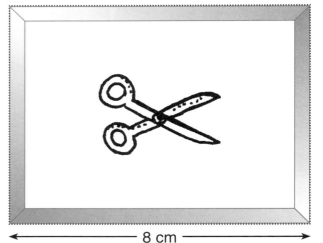

⟵————— 8 cm —————⟶

Das Guckloch

Mit dem selbst gefertigten Guckloch kannst du Einzelheiten oder Merkmale im Bild besser erkennen. Dein Auge kann Wichtiges und Wesentliches besser erfassen.
Für das Guckloch schneidest du einen Kreis aus einem rechteckigen Kartonstück heraus.

Riedl/Schweiggert: Bilder lesen, Texte schreiben 1./2. Klasse © Brigg Pädagogik Verlag GmbH, Augsburg

Wie du ein Bild betrachten sollst

Lege deinen Rahmen auf ein Bild und schiebe ihn so lange hin und her, bis du das Stück Abbildung eingefangen hast, das du besonders genau anschauen möchtest.

Lege nun dein selbst gefertigtes Guckloch auf einen Bildausschnitt (siehe unten), den du ganz genau betrachten möchtest. Dann kannst du Einzelheiten besser erkennen.

Bilder erzählen Geschichten

Wie kann man die auf Bildern versteckten Geschichten entdecken?

● Es kommt besonders auf das genaue Betrachten der Bilder an.

● Außerdem helfen dir diese Aufgaben beim Geschichten entdecken.

Betrachtet die Personen auf den Bildern:

- die Gesichter
- die Hände
- ihre Körperhaltungen.

Nehmt selbst die Haltung der Personen ein.
Was denken die Personen?
Wie fühlen sie sich?

Lasst die Personen sprechen oder erzählen:
Was rufen sie?

Sprecht mit euren Partnern über das Bild.
Was sieht dein Partner auf dem Bild?
Was hat dein Partner für eine Meinung?

Spielt die Geschichte mit verteilten Rollen.
Wer spielt das Tellermädchen?
Wer spielt ein Kind?

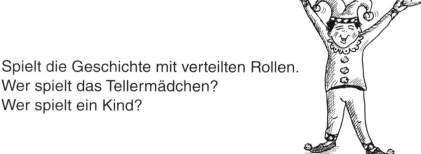

Riedl/Schweiggert: Bilder lesen, Texte schreiben 1./2. Klasse © Brigg Pädagogik Verlag GmbH, Augsburg

Eine Vogelgeschichte

A: Bilder lesen
Aufgaben

- Ein Einzelbild genau betrachten, Einzelheiten erkennen **(AB 1)**
- „Vorher" und „Nachher" erfassen **(AB 1, 2)**
- Einzelne Bildelemente vergleichen und mögliche Veränderungen feststellen
- Bilder in der richtigen Reihenfolge ordnen.

Betrachtungsmöglichkeiten

- Person und Gegenstände mit der „Lupe" genau betrachten
- Gegenstände genau beschreiben
- Einzelbilder genau betrachten, miteinander vergleichen.

B: Texte schreiben
Aufgaben

- Vorgegebene Namenwörter dem jeweiligen Bild zuordnen **(AB 1)**
- Eine zusammenhängende Geschichte in einfachen Sätzen erzählen **(AB 2)**
- Lückensätze ergänzen **(AB 3)**
- Satzstreifen in der richtigen Reihenfolge zu einer Geschichte ordnen **(AB 4)**.

Lernziele

1. Den Satz als Sinneinheit erfahren
2. Mithilfe von Bildern die richtige Reihenfolge der Sätze erkennen
3. Den Verlauf des Geschehens anhand der Einzelbilder erkennen und erzählen **(AB 4)**.

Inhalt der Bilderfolge (AB 2)

1. Bild: Das ist der Vater.
2. Bild: Mein Vater hat ein Haus.
3. Bild: Am Haus ist ein Garten.
4. Bild: Im Garten ist ein Baum.
5. Bild: Auf dem Baum ist ein Nest.
6. Bild: Im Nest sitzt ein Vogel.
Passender Schluss **(AB 3)**: Eines Tages sind junge Vögel im Nest. Vater ist überrascht.

Inhalt der Bilderfolge (AB 4)

Bild 1: Die Sonne scheint. Herr Huber will auf dem Balkon Kaffee trinken.
Bild 2: Er breitet auf dem Tisch ein Tuch aus. Ein Vogel schaut ihm bereits zu.
Bild 3: Dann richtet er kleine Törtchen her. Einige Vögel schauen neugierig zu.
Bild 4: Nun trägt er die leere Schachtel in die Küche zurück. Noch mehr Vögel kommen her.
Bild 5: Während Herr Huber in der Küche ist, stürzen sich die Vögel auf die Törtchen.

Bild 6: Herr Huber betritt mit dem Tablett den Balkon. Entsetzt schaut er auf den Tisch. Die Diebe haben nur noch Kuchenkrümel übrig gelassen.

Durchführung

1. Motivation

1.1 Einstieg mit **(AB 1)**
- Spontane Schüler-Äußerungen zum Einzelbild mit Überschrift: Eine Überraschung in Vaters Garten
- Vermutungen: Was für eine Überraschung?

1.2 Eine Geschichte erzählen.

2. Mündliche und halbschriftliche Gestaltungsphase

2.1 Einleitung **(AB 1)**
- Bildbetrachtung: Gegenstände benennen und dazu erzählen

2.2 Wortschatzerweiterung: Namenwörter zuordnen, einsetzen

2.3 Arbeit mit der Bildfolge: **(AB 2)**
- Bildelemente erkennen, Bilder vergleichen
- Unterschiede feststellen, erklären, worin sich ein Bild vom anderen unterscheidet
- Ausgeschnittene Bilder in die richtige Reihenfolge bringen (von Bild zu Bild ein Element mehr) in GA oder PA **(AB 2)**
- Bilder auf ein Blatt aufkleben
- Eine zusammenhängende Geschichte mündlich erzählen (im Erzählkreis)

2.4 Arbeit am Satz (in EA oder PA): **(AB 3)**
- Lückensätze mit den bekannten Namenwörtern ergänzen
- Zusatzaufgabe: Welcher Satz passt nicht zur Geschichte.

3. Schriftliche Gestaltungsphase

3.1 Gestaltungsaufgabe: Wir erzählen in der richtigen Reihenfolge **(AB 4)**

3.2 Arbeit mit den Bildern:
- Unterschiede feststellen, Reihenfolge erkennen
- Bilder auf dem Tisch in der richtigen Reihenfolge ordnen
- Sätze ausschneiden und dem jeweiligen Bild zuordnen
- Die ganze Geschichte – Bilder und die Sätze – in der richtigen Reihenfolge auf ein Blatt kleben, Überschrift nicht vergessen.

3.3 Sich eine ähnliche Überraschungsgeschichte mit einem Tier ausdenken und erzählen.

Eine Überraschung in Vaters Garten

Vater   Garten   Nest   Baum   Haus   Vogel

- Betrachte das Bild genau. Was entdeckst du alles?
- Suche nun für die einzelnen Sachen und für die Gestalt die richtigen Namenwörter.
- Schreibe die Wörter auf die Linien.

Riedl/Schweiggert: Bilder lesen, Texte schreiben 1./2. Klasse © Brigg Pädagogik Verlag GmbH, Augsburg

Eine Überraschung
in Vaters Garten

● Schneide die Karten oben aus und betrachte
sie genau. Wie unterscheidet sich eine Karte
von der anderen?

● Lege nun die Karten in der richtigen Reihenfolge auf und erfinde mit deinem Partner eine
kleine Geschichte.

Riedl/Schweiggert: Bilder lesen, Texte schreiben 1./2. Klasse © Brigg Pädagogik Verlag GmbH, Augsburg

Überraschung im Garten

Mein  hat ein

Am ist ein

Im steht ein

Auf dem sitzt ein

Im sitzt ein

● *Vater zerstört das Nest.*

● *Eines Tages sind junge Vögel im Nest.*

● *Vater ist überrascht.*

● Schreibe in die Lückensätze die richtigen Wörter.
● Besprich dich mit deinem Partner. Welcher Satz passt
  nicht zur Geschichte? Streiche ihn durch.

Riedl/Schweiggert: Bilder lesen, Texte schreiben 1./2. Klasse © Brigg Pädagogik Verlag GmbH, Augsburg

Ungebetene Gäste

Die Sonne scheint. Herr Huber will auf dem Balkon Kaffee trinken.

Wie geht die Geschichte weiter?

 Die Sätze sind durcheinandergeraten. Erzähle immer in der richtigen Reihenfolge.

○ Dann richtet Herr Huber kleine Törtchen her. Jetzt schauen einige Vögel neugierig zu.

○ Er breitet auf dem Tisch ein Tischtuch aus. Ein Vogel schaut zu.

○ Nun trägt er die leere Schachtel in die Küche. Jetzt kommen noch mehr Vögel herbei.

○ Nun kommt Herr Huber mit dem Kaffee zurück. Entsetzt schaut er auf den Tisch. Die Diebe haben nur noch Kuchenkrümel übrig gelassen.

○ Als Herr Huber in der Küche ist, stürzen sich die Vögel auf die leckeren Törtchen.

- Betrachte Bild 1 und lies den Text im Kasten. Überlege, wie die Geschichte weitergeht. Betrachte die folgenden Bilder.
- Ordne die Bilder in der richtigen Reihenfolge und nummeriere sie.
- Lies die Sätze und ordne sie mit den jeweiligen Ziffern den Bildern zu.

A: Bilder lesen
Aufgaben

- Ein Einzelbild mit der Lupe genau betrachten
- Bilder betrachten, Bildelemente erkennen und deuten
- Gesichter und Bewegungen erkennen.

Betrachtungsmöglichkeiten

- Personen und Gegenstände mit der „Lupe" genau betrachten
- Suchbild: Vorgegebene Bildausschnitte im Großbild suchen
- Die einzelnen Situationen und Gruppen auf dem Schulhof genau betrachten und beschreiben.

B: Texte schreiben
Aufgaben

- Vorgegebene Tunwörter dem jeweiligen Bild zuordnen **(AB 2)**
- Aus einzelnen vorgegebenen Wörtern sinnvolle Sätze bilden **(AB 3)**
- Vorgegebene Satzteile zu sinnvollen Sätzen zusammenbauen **(AB 4)**.

Lernziele

- Tunwörter sagen, was Menschen tun.
- Den Satz als Sinneinheit erfahren
- In der Vergangenheit erzählen.

Inhalt des Hauptbildes

1. Bild: Tim malt eine Schlange auf die Mauer. Susi schaut zu.
2. Bild: Drei Kinder spielen Fußball. Tom steht im Tor.
3. Bild: Vier Kinder schauen zwei auf dem Boden liegenden kämpfenden Jungen zu. Ein Junge möchte sich einmischen, doch Sven hält ihn ab.
4. Bild: Drei Kinder stehen abseits und spielen Karten.
5. Bild: Zwei Mädchen spielen Fangen.
6. Bild: Zwei Mädchen machen Hüpfspiele.

Durchführung

1. Motivation

1.1 Einstieg: Aktueller Spontanbericht: Was war heute auf dem Pausenhof alles los?

1.2 Gemeinsame Bildbetrachtung **AB 1** – Suchbild – Einzelarbeit

1.3 Mündliches Erzählen, was auf dem Pausenhof alles los ist und was die Kinder tun.

2. Mündliche und halbschriftliche Gestaltungsphase

2.1 Was die Kinder auf dem Pausenhof machen **(AB 2)**: Tätigkeiten erkennen, dem jeweiligen Bild zuordnen
   - Erkenntnis: Tunwörter sagen, was Menschen tun. Sie werden klein geschrieben.
   - Mithilfe der Bilder: Tätigkeiten der Kinder pantomimisch darstellen.

2.2 Mithilfe der Tunwörter einfache Sätze bilden.
   - Mithilfe der vorgegebenen Wörter (in den Hüpffeldern) „lange" Sätze bilden und aufschreiben. **(AB 3)**

3. Schriftliche Gestaltungsphase

3.1 Gestaltungsaufgabe: In der Vergangenheit erzählen – sinnvolle Erzählsätze bilden **(AB 4)**
   - Lara erzählt, was sie alles erlebt hat.
   - Arbeit mit Arbeitsblatt – Satzteile richtig und sinnvoll zusammensetzen – nummerieren
     (1) Tina hat zugeschaut.
     (2) Zwei Jungen haben miteinander gerauft.
     (3) Karin und Anna haben Fangen gespielt.
     (4) Drei Kinder haben Karten gespielt.
     (5) Einige Jungen haben Fußball gespielt.
     (6) Ralf hat eine Schlange gemalt.

3.2 Sätze ins Heft schreiben.

Auf dem Pausenhof ist was los

1   2   3   4   5   6

- Betrachtet gemeinsam das Bild. Viele Kinder sind auf dem Hof.
- Seht euch die Kinder in den kleinen Kästchen unten an. Wo sind sie im großen Bild?
- Tragt die Bildnummer in den Kreis oben ein.
- Erzählt, was auf dem Pausenhof alles los ist und was die Kinder tun.

Was sind das für Sachen,
die Kinder in der Pause machen

hüpfen

ringen

raufen

stolpern

fangen

lauern

schießen

springen

weglaufen

fangen

steigen

festhalten

spielen

malen

zuschauen

staunen

● Suche zu jedem Bild das passende Tunwort.
  Verbinde Bild und Wort mit einem Strich.
● Bilde mit dem Namen und dem Tunwort einen kurzen Satz. Notiere.
● Du kannst auch zwei kurze Sätze mit „und" verbinden.

Riedl/Schweiggert: Bilder lesen, Texte schreiben 1./2. Klasse © Brigg Pädagogik Verlag GmbH, Augsburg

Pausenhofgeschichten 3

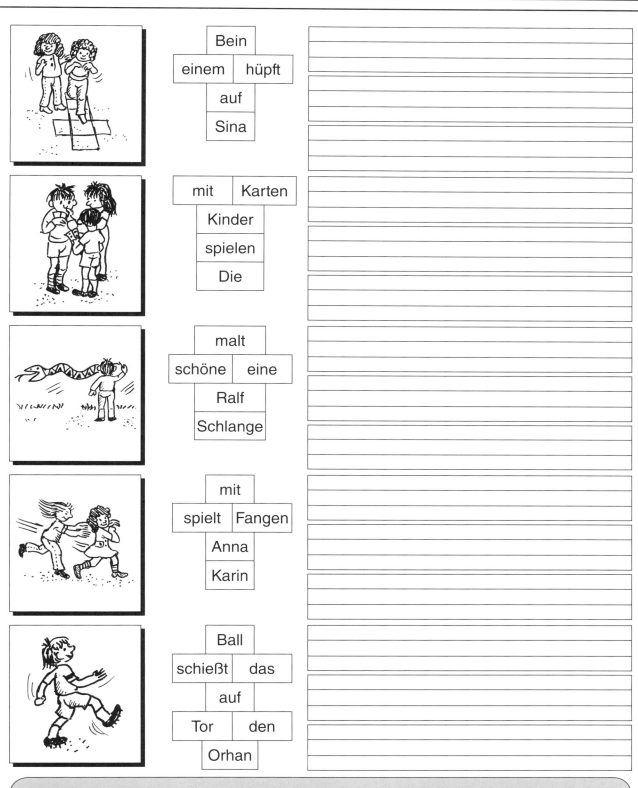

Bein
einem | hüpft
auf
Sina

mit | Karten
Kinder
spielen
Die

malt
schöne | eine
Ralf
Schlange

mit
spielt | Fangen
Anna
Karin

Ball
schießt | das
auf
Tor | den
Orhan

- Was machen die Kinder in der Pause auf dem Hof? Betrachte die Bilder genau und erzähle.
- Bilde mit den Wörtern in den Feldern richtige lange Sätze und schreibe sie auf.

Riedl/Schweiggert: Bilder lesen, Texte schreiben 1./2. Klasse © Brigg Pädagogik Verlag GmbH, Augsburg

In der großen Pause

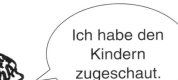

Lara ist in der großen Pause auch auf dem Schulhof gewesen. Sie erzählt, was sie alles erlebt hat.

○ Karten gespielt.

(1) Tina hat

(2) Zwei Jungen haben

○ Fangen gespielt.

(3) Karin und Anna haben

○ Fußball gespielt.

(4) Drei Kinder haben

○ miteinander gerauft.

(5) Einige Jungen haben

○ eine Schlange gemalt.

(6) Ralf hat

○ zugeschaut.

● Bilde mit den Satzteilen sinnvolle Erzählsätze. Welcher Teil passt zum ersten Teil dazu? Betrachte dazu das Bildblatt Nr. 1 und probiere aus! Setze dann die richtige Nummer in die Kreise ein.
● Schreibe die Sätze in dein Heft.

Riedl/Schweiggert: Bilder lesen, Texte schreiben 1/2. Klasse © Brigg Pädagogik Verlag GmbH, Augsburg

Bilderrätsel

A: Bilder lesen
Aufgaben

- Einzelbilder sehr genau betrachten und deuten
- Mithilfe von Einzelbildern Wörter und ihren Sinn erfassen
- Mithilfe von Bildern einen Gegenstand genau erfassen und benennen.

Betrachtungsmöglichkeiten

- Gegenstände mit der „Lupe" erfassen und benennen → genau betrachten, Fehler entdecken
- Einen abgebildeten Gegenstand selbst zeichnen
- Gemeinsame Bildbetrachtung mit dem Partner.

Kreativer Umgang mit Bildern

- Bilder als Anregung zu eigenen interessanten Tätigkeiten und Experimenten
- Mithilfe von Bildern: Tiere und Gegenstände erfassen, Fehler erkennen und das Bild fertig malen
- Beschreibungsrätsel stellen: „Ich sehe was, was du nicht siehst …".

B: Texte schreiben
Aufgaben

- Für Einzelbilder entsprechende Begriffe finden
- Gegenstände mithilfe von Bildern erfassen und beschreiben
- Mithilfe von Einzelbildern zusammengesetzte Namenwörter bilden **(AB 2)**
- Einzelbilder als Sinnstütze erkennen und neue Wörter und Sätze bilden **(AB 3)**
- Mithilfe von Einzelzeichen und -bildern Wörter ergänzen, Sätze bilden **(AB 4)**.

Inhalt der Arbeitsblätter

AB 1: Bärenstarke Bilderrätsel – Bilder von acht Gegenständen mit Fehlern, die entdeckt werden sollen (Deckelgriff, Koffergriff, Adresse, Kette, Saiten, Schnürsenkel, Schlüsselloch, Gürtellöcher)
AB 2: Aus zwei wird eins – mithilfe von zwei Bildern sind aus zwei Namenwörtern zusammengesetzte Namenwörter zu bilden: Baumwolle, Trommelfell, Fingernagel, Bildschirm, Löwenzahn, Tormann.
AB 3: Bilder sprechen – mithilfe der Einzelbilder zusammengesetzte Namenwörter bilden, den Satz vervollständigen und aufschreiben.
AB 4: Ein lustiger Tierpark – eine kurze Rätselgeschichte über vier Tiere aufschreiben.

Durchführung

1. Motivationsphase

1.1 Einstieg **(AB 1)**
Spontane Schüler-Äußerungen zu den Bilderrätseln: Deutungsversuche
- Begriffserklärung → Bilderrätsel: Ein Rätsel, das aus Bildern oder Zeichnungen besteht

1.2 Wie löst man ein Bilderrätsel? Bild genau betrachten, überlegen. Was ist gemeint?

2. Mündliche und halbschriftliche Gestaltungsphase

2.1 Zusammengesetzte Namenwörter bilden **(AB 2)**
- Lösungsversuche in PA – auf Schreibweise achten
- Erkenntnis 1: Aus zwei oder mehreren Namenwörtern kann man ein neues Namenwort zusammensetzen.
- Erkenntnis 2: Mit zusammengesetzten Namenwörtern kann man Gegenstände oder Lebewesen genauer beschreiben.

3. Schriftliche Gestaltungsphase

3.1 Bilder sprechen: Unvollständige Sätze mit zusammengesetzten Namenwörtern ergänzen **(AB 3)**
- Mündlich Sätze bilden und aufschreiben

3.2 Ein lustiger Tierpark: Eine kleine Geschichte aufschreiben **(AB 4)**
- Erklärung: Ein Bild steht für ein Wort oder für einen Buchstaben
- Lösung eines Beispielsatzes
- Weitere Bearbeitung in PA oder EA
- Geschichte aufschreiben.

Bärenstarke Bilderrätsel

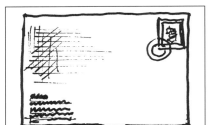

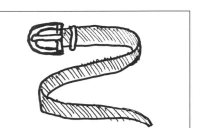

Brief   Geige   Kanne   Schloss

Fahrrad   Gürtel   Koffer   Stiefel

- Achtung! Bei jedem Bild hat der Zeichner etwas vergessen.
- Betrachte jedes Bild ganz genau. Findest du den Fehler?
- Zeichne bei jedem Bild ein, was fehlt und schreibe das richtige Wort unter das Bild.

Riedl/Schweiggert: Bilder lesen, Texte schreiben 1./2. Klasse © Brigg Pädagogik Verlag GmbH, Augsburg

Aus zwei wird eins

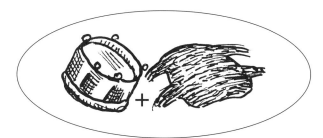

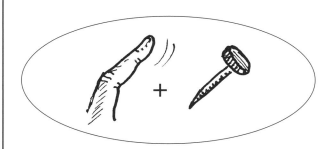

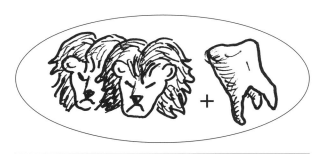

Baum-	Bild-	Finger-	Löwen-	Tor-	Trommel-
-Fell	-Mann	-Nagel	-Schirm	-Wolle	-Zahn

- Überlege, was das einzelne Bild bedeutet.
- Suche aus den beiden Leisten unten die passenden Namenwörter aus.
- Bilde zusammengesetzte Namenwörter. Schreibe sie auf die Linien.

Bilder sprechen

Laura spielt gerne

Devin mag gerne

Mama trägt neue

Omi sucht oft ihren

Uli steht gerne im

Papa macht einen Salat aus

● Überlege, was die Wörter bedeuten und bilde Namenwörter.
● Bilde ganze Sätze und schreibe sie auf.
● Unterstreiche die neuen Wörter.

Riedl/Schweiggert: Bilder lesen, Texte schreiben 1./2. Klasse © Brigg Pädagogik Verlag GmbH, Augsburg

Bilderrätselgeschichte 4

Ein lustiger Tierpark

Das Nil🐴 sitzt auf der P✏️ .

Der kl🥚ne 🍦bär klettert auf die L🥚ter.

Die Gir🐵 frisst 🦁🦷🍃 .

Das M🐭 schw🥚n spielt mit 🥚nem T🪑 .

- Schau die Rätselgeschichte genau an. Setze für die Bilder Wörter oder Buchstaben ein. Bilde einen ganzen Satz.
- Schreibe dann die Geschichte auf die Linien.

A: Bilder lesen
Aufgaben

- Ein Einzelbild genau betrachten
- Details erkennen und bewusst wahrnehmen
- Einzelzeichen lesen und deuten
- Mimik und Gestik der handelnden Personen erkennen und deuten.

Betrachtungsmöglichkeiten

- Das Einzelbild mit der „Lupe" genau betrachten **(AB 1)**
- Suchbild: Einzelne Tierköpfe suchen.

Auseinandersetzungsmöglichkeiten

- Das Verhalten der einzelnen Tiere genau betrachten, begründen und beschreiben
- Mimik und Gestik der Zuschauer beschreiben und mit eigenen Erfahrungen vergleichen.

B. Texte schreiben
Aufgaben

- Ruhe- und Bewegungswörter unterscheiden
- Treffende Tunwörter für das Verhalten der Tiere in der Ruhe- bzw. in der Bewegungsphase auswählen und zuordnen **(AB 2)**
- Einfache Sätze bilden in PA oder EA **(AB 3)**
- Eine zusammenhängende Geschichte in der richtigen Reihenfolge erzählen **(AB 4)**.

Inhalt eines Einzelbildes/Im Affengehege

Vor dem Affengehege drängen sich viele Zuschauer. Im Gehege ist fast immer viel los. Das Bild erzählt viele Geschichten.
Ein Einzelbild ist geeignet zum Betrachten und Erzählen.

Erzählhilfen

Mithilfe von Stichwörtern einfache Sätze bilden **(AB 3)**, vorgegebene Erzählsätze in der richtigen Reihenfolge ordnen **(AB 4)**.

Durchführung

1. Motivationsphase

1.1 Bildbetrachtung aus der Sicht der Zuschauer **(AB 1)**
Bei den Affen sammeln sich viele Zoobesucher. Warum?
- Wir betrachten das Bild und erzählen **(AB 1)**, was es alles zu sehen gibt.

2. Mündliche und halbschriftliche Gestaltungsphase

2.1 Bildbetrachtung **(AB 1)**: Spontane Äußerungen im Erzählkreis über die lustigen Tiere, über die Zuschauer
- Lösung der Suchaufgabe in PA
- Erzählen über das Verhalten der einzelnen Tiere

2.2 Manche Tiere sind sehr lebhaft, andere verhalten sich ruhig.
(AB 2): Im Affengehege rührt sich immer was.
- Erkenntnis: Es gibt Tunwörter der Ruhe (sitzen, kratzen, hocken, stehen) und es gibt Tunwörter der Bewegung (schwingen, springen, gehen).
- Wir ordnen die vorgegebenen Tunwörter in die entsprechende Gruppe ein.
- Wir geben den Tieren Namen und erzählen, was sie tun.

2.3 Es ist zum Lachen, was die Affen alles machen – einfache Sätze bilden **(AB 3)**
- Selbstständige schriftliche Formulierungen mit Hilfe der Stichwörter **(AB 3)**.

3. Schriftliche Gestaltungsphase

3.1 Gestaltungsaufgabe vorbereiten: Erzähle nur eine Geschichte, diese aber genau und in der richtigen Reihenfolge **(AB 4)**.
- **AB 4:** Der Mützendieb – Die Bilder der Reihe nach betrachten und erzählen: Was war vorher? Was ist geschehen? Was war nachher?
- Sätze lesen und den Bildern zuordnen

3.2 Gestaltungsaufgabe 2: Wie geht die Geschichte aus? Vorschläge für einen Schlusssatz: Uwe winkt dem Affen zu. Uwe schenkt ihm eine Banane usw.
Wer hat die beste Lösung gefunden?

3.3 Die Geschichte in der Ich-Form erzählen.

Affengeschichten 1

Im Affengehege

- Betrachtet miteinander das Bild von den lustigen Affen. Vielleicht entdeckt jeder etwas anderes. Erzählt.
- Sucht dann die kleinen Affenbilder und schreibt die Ziffern oben in das große Bild.

Riedl/Schweiggert: Bilder lesen, Texte schreiben 1./2. Klasse © Brigg Pädagogik Verlag GmbH, Augsburg

Affengeschichten 2

Im Affengehege rührt sich was

Ruhe-Wörter	Bewegungs-Wörter

stehen

sitzen

schwingen

kratzen

turnen

hüpfen

springen

hocken

schaukeln

- Im Affengehege ist immer was los. Betrachte die einzelnen Bilder und erzähle. Manche Affen ruhen und andere bewegen sich.
- Ordne dem einzelnen Bild mit einem Strich ein passendes Tunwort zu.

Riedl/Schweiggert: Bilder lesen, Texte schreiben 1./2. Klasse © Brigg Pädagogik Verlag GmbH, Augsburg

Es ist zum Lachen, was die Affen alles machen

schält, Banane

schaut, Spiegel

Piri

Mimi

schaukeln, Baum

turnt, Ast

Toni und Tipsi

Karli

- Betrachte die Bilder ganz genau. Die Affen sind ein lustiges Volk. Die Besucher haben immer was zu lachen. Berichte.
- Schreibe zu jedem Bild einen Satz auf. Die Namen und Wörter helfen dir.

Affengeschichte 4

Der Mützendieb

(1)

Der Anfang der Geschichte:

> Am Affengehege stehen immer viele
> Besucher. Sie haben viel Spaß.

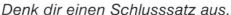

(3)

(2)

○ Uwe schimpft und weint.

○ Ein Tierpfleger bringt ihm
die Mütze wieder.

○ Uwe winkt mit der Mütze.

○ Er spielt damit.

(4)

○ Ein Affe schnappt sich die
Kappe und springt davon.

(5)

Denk dir einen Schlusssatz aus.

_____

_____

_____

_____

_____

_____

Erzähle immer nur eine Geschichte.
Erzähle alles der Reihe nach.

● Betrachte mit deinem Partner die Bilder der Reihe nach.
● Die Bilder erzählen eine Geschichte. Sprecht darüber.
● Ordnet die Sätze der Reihe nach mithilfe der Zahlen.

Riedl/Schweiggert: Bilder lesen, Texte schreiben 1./2. Klasse © Brigg Pädagogik Verlag GmbH, Augsburg

Eine Ballgeschichte

A: Bilder lesen
Aufgaben

- Die Bilder und ihren Bedeutungsgehalt richtig erfassen und in Sprache umsetzen
- Bildelemente erkennen und deuten
- Mimik und Gestik der handelnden Person erkennen und deuten.

Betrachtungsmöglichkeiten

- Bilder der Bilderfolge miteinander vergleichen und Unterschiede deuten **(AB 1)**
- Die Bilder in der richtigen Reihenfolge ordnen.

Auseinandersetzungsmöglichkeiten

- Den Zusammenhang von Bildern erkennen: Was war vorher? Was folgt darauf?
- Die Geschichte pantomimisch umsetzen
- Einen originellen eigenen Schluss erfinden, malen und erzählen.

B. Textproduktion
Aufgaben

- Die richtige Reihenfolge einer Bildgeschichte erfassen
- Treffende Tunwörter verwenden
- Aus einzelnen Wörtern einfache Sätze bilden
- Eine zusammenhängende Geschichte erzählen
- Einen passenden Schluss erfinden.

Inhalt der Bilderfolge (AB 1/2)

Eines schönen Tages bummelt Lena aus der Schule nach Hause. Sie hat beim Malwettbewerb der Schule einen Ball gewonnen.
Bild 1: Lena stellt ihre Schultasche hinter sich und beginnt, den Ball an einen Baum zu werfen.
Bild 2: Nach einer Weile wirft sie den Ball so hoch, dass er in einer Astgabel hängen bleibt. Lena guckt verdutzt nach oben, jammert und ist zunächst ratlos. Da hat sie eine Idee.
Bild 3: Schnell greift sie zur Schultasche, stemmt sie hoch, zielt auf den Ball und schleudert die Tasche hoch.
Bild 4: Getroffen! Der Ball fällt herunter. Lena hat ihren Ball wieder. Aber oje! Die Tasche hat sich an einem Ast verfangen. Was nun? Schluss: Eine passende Lösung ist gefragt!

Erzählhilfen

Mithilfe von vorgegebenen Einzelwörtern einfache Sätze bilden **(AB 2)**
Vorgegebene Erzählsätze in der richtigen Reihenfolge ordnen **(AB 3)**.

Durchführung

1. Motivationsphase

1.1 Kurzszene
- Lena erzählt: Mami, ich habe meine Schultasche verloren. Mutter: Was hast du? Wo hast du deine Schultasche verloren? Lena: Auf dem Baum! Mutter: Was? Auf dem Baum? Wie geht das denn? Lena: Also, das war so … Klassengespräch – Vermutungen der Kinder
- Wir betrachten die Bildgeschichte und erzählen **(AB 1)**.

2. Mündliche und halbschriftliche Gestaltungsphase

2.1 Bildbetrachtung: Lena hat Pech **(AB 1)**
Freie Aussprache: Meinungen der Kinder
Lenas Ballspiel beschreiben; Reihenfolge richtig stellen; Schluss ist offen.

2.2 Sätze bilden mithilfe der Stichwörter **(AB 2)**
- Beispiele: Bild 1: Lena wirft den Ball hoch.
Bild 2: Der Ball bleibt auf dem Baum hängen.
Bild 3: Lena schleudert ihre Tasche hoch.
Bild 4: Der Ball fällt herunter. Die Tasche bleibt hängen.
- Selbstständige schriftliche Formulierungen mit Hilfe der Einzelwörter **(AB 2)**

2.3 Eine Bildgeschichte in der richtigen Reihenfolge erzählen **(AB 3)**.

3. Schriftliche Gestaltungsphase

3.1 Gestaltungsaufgabe vorbereiten: Eine Geschichte soll einen Schluss haben **(AB 4)**.
- Bild 4 betrachten: Lena ist ratlos. Kannst du ihr helfen? Was könnte sie tun?
- Vorschläge der Kinder sammeln
- Einzelarbeit mit **AB 4**: Lösung malen

3.2 Geschichte erzählen und beurteilen
Wer hat die beste Lösung gefunden?

3.3 Evtl. selbstständig aufschreiben und eine Überschrift erfinden. Beispiele: Die Schultasche auf dem Baum; Der verflixte Ball

3.4 Die Geschichte in der Ich-Form erzählen.

Eine Ballgeschichte 1

Lena hat in der Schule einen Ball gewonnen. Auf dem Heimweg spielt sie ein wenig mit dem Ball. Was macht sie?

UAMB   AELN   LALB   STA   CHAETS

- Betrachte die Bilder mit deinem Partner.
- Könnt ihr die richtige Reihenfolge der Bilder herausfinden? Setzt die Zahlen 1 bis 4 in die Kreise. Erzählt!
- Schreibe die Namenwörter richtig auf die Linie.

Riedl/Schweiggert: Bilder lesen, Texte schreiben 1./2. Klasse © Brigg Pädagogik Verlag GmbH, Augsburg

Eine Ballgeschichte 2

Lena hat Pech

Ball, werfen

in, Baum, hängen bleiben

Tasche, schleudern

Ball, herunterfallen

- Betrachte die Bilder mit deinem Partner. Was macht Lena?
- Schreibt zu jedem Bild einen Satz. Die Wörter helfen euch.

Riedl/Schweiggert: Bilder lesen, Texte schreiben 1./2. Klasse © Brigg Pädagogik Verlag GmbH, Augsburg

Der verflixte Ball

Auf dem Heimweg spielt Lena mit ihrem Ball.

☐ Sie schleudert ihre Schultasche hoch.

☐ Lena guckt erschrocken.

☐ Aber die Tasche bleibt hängen.

☐ Sie wirft den Ball hoch.

☐ Da hat Lena eine Idee.

☐ Der Ball fällt herunter.

☐ Der Ball bleibt in einer Astgabel stecken.

☐ Lena stellt die Schultasche neben einen Baum.

Was jetzt? Lena ist ratlos.

● Lies die Sätze genau durch. Baue die Geschichte richtig zusammen.
● Nummeriere die Sätze von 1 bis 8.
● Schreibe die Sätze in der richtigen Reihenfolge auf die Linien.

Riedl/Schweiggert: Bilder lesen, Texte schreiben 1./2. Klasse © Brigg Pädagogik Verlag GmbH, Augsburg

Die Schultasche auf dem Baum

Lena ist ratlos. Kannst du ihr helfen? Male deine Lösung in den Kasten.

● Berate dich mit deinem Partner. Was könnte Lena tun,
um die Schultasche herunterzuholen? Vielleicht … ?
Ihr findet bestimmt eine Lösung. Erzählt die Geschichte
nun zu Ende.

A: Bilder lesen
Aufgaben

- „Vorher" und „Nachher" erfassen **(AB 1)**
- Einzelne Bildelemente vergleichen und mögliche Veränderungen feststellen
- Zeitliche Unterschiede erkennen **(AB 1)**
- Die Haltung der Hunde beachten und deuten
- Art und Form der Sprechblasen deuten und versprachlichen.

Betrachtungsmöglichkeiten

- Gegenstände und Personen mit der „Lupe" genau betrachten
- Einzelbildausschnitte erkennen und deuten **(AB 3)**
- Denk- und Sprechblasen entziffern **(AB 1)**.

B: Texte schreiben
Aufgaben

- Aus vorgegebenen Einzelwörtern Sätze bilden
- Vorgegebene Sätze dem jeweiligen Bild richtig zuordnen
- Eine zusammenhängende Geschichte in einfachen Sätzen erzählen.

Lernziele

1. Wiedergeben von Inhalt und Sinn einer Bilderfolge
2. Den Mittelteil der Geschichte antizipieren und erzählen: Was war inzwischen los?
3. Richtige Reihenfolge der Bilder beachten.

Inhalt der Bilderfolge

1. Bild: Opa geht aus dem Haus zum Einkaufen und denkt: „Hoffentlich sind die Hunde brav."
2. Bild: Kaum ist Opa fortgegangen, stillen die Hunde in der Küche mit Milch ihren Durst.
3. Bild: Opa kommt heim. Die Hunde sitzen brav auf dem Sofa. Opa lobt sie.

Durchführung

1. Motivation

1.1 Einstieg **(AB 1)**
- Spontane Schüler-Äußerungen zu Bild 1 und Bild 2: Vorher: Opa geht einkaufen. Nachher: Opa kommt heim.
- Vermutungen: Was ist inzwischen geschehen?

1.2 Eine lustige Hundegeschichte erzählen.

2. Mündliche Gestaltungsphase

2.1 Einleitung **(AB 1)**
- Bild 1 (vorher) als Auftakt bzw. als Einleitung der Geschichte erkennen
- Denkblasen verbalisieren

2.2 Betrachtung von Bild 2 – (nachher)
- Dieses Bild als Schluss bzw. Ende der Geschichte erkennen; Gedanken und Gefühle: Opa kommt heim, er lobt die Hunde. Sie sitzen brav auf dem Sofa; sie haben auf ihn gewartet …

2.3 Was geschieht zwischen dem Vorher und Nachher? Vermutungen: …

3. Halbschriftliche Gestaltungsphase

3.1 Betrachtung des Einzelbildes **(AB 2)**

3.2 Mithilfe von vorgegebenen Stichwörtern Sätze bilden – mündlich
Maxi wirft die Milchflasche um.
Moritz trinkt gierig. Willi schlürft die Milch vom Boden auf.

3.3 Selbstständiges Aufschreiben der Sätze.

4. Schriftliche Gestaltungsphase

4.1 Gestaltungsaufgabe: Wir erzählen eine zusammenhängende Geschichte **(AB 3)**.

4.2 Arbeit mit Arbeitsblatt 3:
- Mündliche Gestaltung: rechte Seite abdecken – Bilder als Sprechimpuls
- Rechte Seite – Sätze in der richtigen Reihenfolge ordnen – PA
- Lösung: 4-9-7-1-6-8-3-5-2
- Geschichte ins Heft schreiben

4.3 Ein neuer Hundestreich **(AB 4)**
- Selbstständige Bearbeitung: zu jedem Bild mit Hilfe der Stichwörter einen „langen" Satz aufschreiben.

Die frechen Hunde

Vorher …
Opa geht einkaufen.

Nachher …
Opa komt heim.

? Was war inzwischen los? ?

Brav! Brav!

- Betrachtet das erste Bild. Was bedeuten die Äpfel oder die Hunde in den Denkblasen? Sprecht miteinander.
- Betrachtet dann das zweite Bild. Warum lobt Opa die Hunde?
- Was war aber inzwischen los? Denkt euch den Mittelteil aus.

Was ist in der Küche los?

Maxi

Moritz

Willi

wirft

schlürft

trinkt

leckt

- Was haben die Hunde in der Küche angestellt?
- Bilde mit den Namen und den Tunwörtern einige kurze Sätze.
- Schreibe sie auf die Linien.

Riedl/Schweiggert: Bilder lesen, Texte schreiben 1./2. Klasse © Brigg Pädagogik Verlag GmbH, Augsburg

Die kleinen Frechdachse

○ In der Küche steht eine Flasche Milch auf dem Tisch.

○ Die Hunde sitzen wieder brav auf dem Sofa.

○ Willi leckt die Milch am Boden auf.

○ Die Hunde sitzen auf dem Sofa und sind brav.

○ Moritz kann jetzt trinken.

○ Opa kommt wieder heim.

○ Er kauft Äpfel.

○ Maxi wirf die Flasche um.

○ Opa geht auf den Markt.

- Betrachte mit deinem Partner die einzelnen kleinen Bilder. Versucht zu erklären, was sie bedeuten könnten. Erzählt.
- Ordnet nun den Sätzen die passenden Bilder mit den Zahlen 1 bis 9 zu.
- Schreibt die Geschichte in euer Heft.

Eine Hundegeschichte 4

Ein neuer Hundestreich

ruht sich aus — auf einer Bank — im Garten — Opa

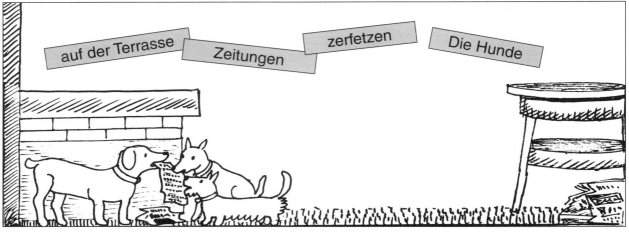

auf der Terrasse — Zeitungen — zerfetzen — Die Hunde

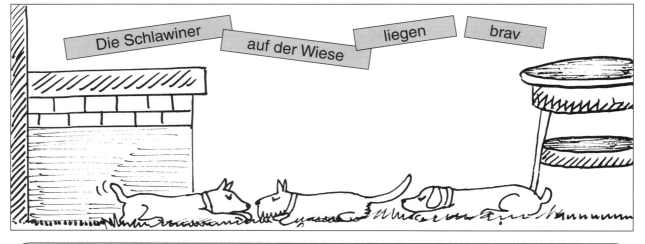

Die Schlawiner — auf der Wiese — liegen — brav

● Betrachtet die Bilder ganz genau. Sprecht miteinander darüber.
● Überlegt nun, was der Reihe nach geschieht.
● Schreibe zu jedem Bild mit den Wörtern einen langen Satz auf.

Riedl/Schweiggert: Bilder lesen, Texte schreiben 1./2. Klasse © Brigg Pädagogik Verlag GmbH, Augsburg

Linienspiele und -geschichten

A: Bilder lesen
Aufgaben

- Linien (Strich) als Bildelement erkennen
- Erleben und erkennen, dass Linien zu Formen führen können
- Erfahren, dass Künstler aus Linien Bilder machen.

Betrachtungsmöglichkeiten

- Gegenstände mit der „Lupe" erfassen und benennen → genau hinsehen und kombinieren
- Ungewöhnliche Perspektiven bzw. extreme Ausschnitte erkennen **(AB 3)**.

Kreativer Umgang mit Bildern – Bilder als Anregung zu eigenen interessanten Tätigkeiten und Experimenten

- Mit Bleistift Muster mit durchlaufender Linie auf ein Blatt zeichnen; die entstandenen Flächen mit Wachsmalkreiden ausmalen; die Formen mit schwarzem Stift betonen
- Bilder lesen und gestalten, z.B. Traumbilder von Miro; Farben und Formen
- Verschiedenartige Strukturen (Augen, Spiralen) kennen lernen
- Verschiedene Formen (Kreise, Linien und Flächen) kennen lernen und deuten
- Eigene Versuche ausprobieren
- Linienformen erfinden und beschreiben **(AB 1)**
- Selbst zeichnerisch ein Bild aufbauen; mit einer Linie beginnen; Partner zeichnet weiter … Was könnte das werden?
- Fantasietiere malen und beschreiben.

B: Texte schreiben
Aufgaben

- Linien formen Gegenstände; diese erkennen und benennen **(AB 2)**
- Für scheinbar unsinnige Bilder einen Titel auswählen **(AB 3)**
- Ein Linienbild betrachten, deuten und beschreiben **(AB 4)**.

Inhalt der Arbeitsblätter

AB 1: Linienspiele – Muster und Formen erspüren und finden
AB 2: Linien formen Gegenstände: Dinge erkennen und benennen
AB 3: Linien, Formen und Zeichen deuten – aus vorgegebenen Titeln auswählen
AB 4: Paul Klees Familienspaziergang – ein Linienbild betrachten, deuten und davon erzählen.

1. Motivationsphase

1.1 Einstieg mit **(AB 1)** Was mein Zauberstift alles kann – Linien, Muster.

1.2 Linien schließen sich zu Formen: Quadrat, Rechteck, Dreieck, Kreis – Formen erkennen und benennnen.

1.3 Linien machen Geschichten.

2. Mündliche und halbschriftliche Gestaltungsphase

2.1 Linien zaubern Bilder von Gegenständen. Welche Dinge kannst du erkennen **(AB 2)**?
- Erkenntnis: Mithilfe von Linien können wir uns Dinge vorstellen; Merkmale erkennen und benennen.
- Selbstständiges Zeichnen von Gegenständen in einer Linie

2.2 Maler Klecksel am Werk **(AB 3)**:
- Manchmal kann man sich unter Linien und Formen vorstellen, was man will.
- Maler Klecksel sucht für seine Bilder einen Titel: Welcher Titel gehört zu welchem Bild?
- Lösungsversuche in EA oder PA.

3. Schriftliche Gestaltungsphase

3.1 Vorbereitung: „Der Familienspaziergang", Linienbild von Paul Klee **(AB 4)**
- Stilles, langsames Sehen mit „Lupe"
- Freie spontane Aussprache

3.2 Geschichten entdecken (siehe **AB 4** Text)
- Figuren und Gegenstände erkennen und beschreiben
- Von einen Familienspaziergag am Sonntagnachmittag erzählen

3.3 Eine Geschichte entdecken (siehe Sehschule 3)
- Betrachtet die Figuren, ihre Gesichter, Hände, die Haltung.
- Nehmt selbst die Haltung einer Figur an; versucht, die Situation nachzuempfinden.
- Lasst die Personen sprechen oder erzählen, was sich bis zu dem dargestellten Augenblick abgespielt hat.
- Denkt darüber nach, wer ihr auf dem Bild sein könntet oder möchtet.
- Spielt dabei verschiedene Rollen durch; spielt die Szene mit verteilten Rollen.

3.4 Einige Sätze in PA oder EA selbstständig aufschreiben.

Liniengeschichten 1

Was mein Zauberstift alles kann

● Dein Zauberstift malt Linien. Male weiter.

● Dein Zauberstift malt Muster. Male weiter.

● Linien schließen sich zu einer Form. Male die Formen fertig.

● Der Zauberstift verwandelt Vierecke in Häuser, Dreiecke in Dächer und Kreise in Bäume …

Das ist das Haus des Ni ko laus

1

2

3

● Zeichne die oben vorgegebenen Linien und Muster weiter.
● Linien schließen sich zu Formen. Male sie fertig. Wie heißen sie?
● Welches Haus kannst du in einem Zug zeichnen?

Riedl/Schweiggert: Bilder lesen, Texte schreiben 1./2. Klasse © Brigg Pädagogik Verlag GmbH, Augsburg

Viele Dinge kreuz und quer

Hammer

Herz

Schmetterling

Fisch

Pinsel

Kanne

Tulpe

Apfel

Fahne

Eimer

Pilz

Stiefel

Säge

Schlange

● Schau genau. Welche Dinge kannst du erkennen? Verbinde den Gegenstand und das richtige Namenwort dazu mit einem Strich.
● Zeichne unten im Kasten das Tier mit einer einzigen Linie fertig.
● Suche einen neuen Gegenstand heraus und zeichne ein Bild in einem Zug.

Riedl/Schweiggert: Bilder lesen, Texte schreiben 1./2. Klasse © Brigg Pädagogik Verlag GmbH, Augsburg

45

Maler Klecksel am Werk

Du kannst dir unter den Linien und Formen vorstellen, was du willst.

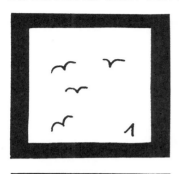  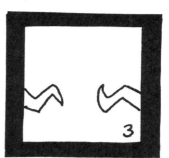

 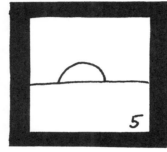 

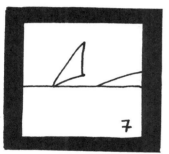

Welcher Titel gehört zu welchem Bild?

Sonnenuntergang ◯	drei Düsenjäger ◯

Fangen spielen ◯	fliegende Vögel ◯

Regentag ◯	Seelandschaft ◯	Gebirge ◯

- Betrachte die Bilder oben und decke dabei die Titel unten ab.
- Notiere dir mit Bildnummer, was du dir unter dem Bild vorstellst.
- Suche jetzt einen passenden Titel aus. Schreibe die Zahlen in die Kreise.

Riedl/Schweiggert: Bilder lesen, Texte schreiben 1./2. Klasse © Brigg Pädagogik Verlag GmbH, Augsburg

Bilder erzählen Geschichten

33. Familienspaziergang · 1930

Der Künstler Paul Klee nennt sein Bild „Familienspaziergang".

Betrachtet das Bild aufmerksam und genau. Und wenn ihr das Bild lange genug betrachtet, findet plötzlich jeder etwas anderes.
Lass deine Augen so richtig im Bild spazieren gehen und verfolge den Lauf der Linien. Finde heraus, wie sich die Linien zu Formen verbinden. Und plötzlich entdeckst du … verschiedene Figuren … plötzlich entdeckst du … eine Geschichte.

Vielleicht helfen dir dabei diese Fragen ein wenig:
Wer ist denn alles bei dem Familienspaziergang am Sonntagnachmittag dabei?
Wer führt den Familienspaziergang an?
Wie sind die Personen gekleidet?

- Betrachtet das Bild von Paul Klee „Der Familienspaziergang". Die Linien lassen alle möglichen Figuren und Gegenstände erkennen.
- Beschreibe die einzelnen Figuren der Reihe nach.
- Du kannst sie auch farbig ausmalen.

A: Bilder lesen
Aufgaben

- Die Bilder von Gegenständen und ihren Bedeutungsgehalt richtig erfassen und in Sprache umsetzen
- Die Formen und das Aussehen der Dinge genau erfassen und beschreiben.

Betrachtungsmöglichkeiten

- Die (gezeichneten) Spielsachen mit dem „Guckloch" genau betrachen
- Bilder von Gegenständen nach Form, Größe und Eigenschaften erfassen.

Kreative Auseinandersetzung

- Schau zweimal hin (AB 1): Erstes Wahrnehmen und zweites Wahrnehmen
- Einen Gegenstand (AB 1) betrachten und Wahrnehmungen genau begründen
- Selbst einen Gegenstand zeichnen und Partner raten lassen.

B. Texte schreiben
Aufgaben

- Sachverhalte kurz und genau darstellen: Dinge beschreiben
- Beschreibungen als Rätsel oder Anzeige.

Inhalt der Arbeitsblätter

AB 1: Zwei Bilder miteinander vergleichen, Fehler bzw. Unterschiede herausfinden

AB 2: Grundformen an Gegenständen erkennen und benennen

AB 3: Bildern von Gegenständen die passenden Wiewörter zuordnen; das Gegenteil suchen

AB 4: Rätselraten: Rätsel beantworten; selbst ein kleines Rätsel aufschreiben.

Durchführung

1. Motivationsphase

1.1 Einstieg: „Runde Sachen" Gedicht:

Mohnkorn,	Kugelrund
Kirschkern,	ist die Erde,
Kastanie,	ein herrlicher Ball;
Knödel,	rund um die Sonne
Kegelkugel und	trägt sie uns
Kürbis	durchs All.
sind rund.	

1.2 Kannst du dein Lieblingsspielzeug so genau beschreiben, dass die Kinder es erraten können?

2. Mündliche Gestaltungsphase

2.1 Bildbetrachtung: Dinge im Kinderzimmer (AB 1) genau betrachten – **8** Fehler herausfinden (Drachen, Burg, Bär, Würfel, Trommelschlägel, Dose auf Bücherbord, fehlende Glühbirne, Fischauge)

2.2 Rätselspiel mit AB 1
- Ich sehe was, was du nicht siehst. Es ist … (Gegenstände im Klassenzimmer, die Kleidung eines Schulkameraden)
- Kinder beschreiben mit treffenden Wiewörtern einen Gegenstand im Klassenzimmer.

3. Halbschriftliche Gestaltungsphase

3.1 Die Grundform eines Gegenstandes erfassen (AB 2)
- Zeichne die Gegenstände in die Luft (Ball – rund, Buch – viereckig; Drachen – dreieckig)!
- Arbeit mit AB 1: Suche alle runden (eiförmigen, ovalen), alle viereckigen, alle dreieckigen Gegenstände.
- Arbeit mit AB 2 in Partnerarbeit

3.2 Wie die Dinge sind (AB 3)
- Weiteres Erfassen von Eigenschaften (Material, Farbe, Größe) durch genaues Betrachten und Betasten von Gegenständen
- Einen Gegenstand mit Wiewörtern beschreiben; Merke: Wiewörter sagen uns, wie die Dinge sind. Wiewörter schreibe ich klein.

3.3 Arbeit mit Arbeitsblatt (AB 3)
- Den Bildern passende Wiewörter zuordnen
- Angefangene Sätze mit zwei passenden Wiewörtern vervollständigen (EA oder PA)
- Verwendungen von Wiewörtern: Der Ball ist rund, der runde Ball; Das Auto ist schnell, das schnelle Auto
- Das Gegenteil suchen: leicht – schwer; dick – dünn usf.

4. Schriftliche Gestaltungsphase

4.1 Gegenstände genau beschreiben
Einige Gegenstände eine Zeitlang (Zeit vereinbaren) betrachten; Gegenstände hinter einen Sichtschutz stellen; 1 Kind beschreibt einen Gegenstand mit treffenden Wiewörtern, die anderen raten. Wer richtig rät, darf das nächste Rätsel stellen.

4.2 Rätselraten (AB 4)
- Rätselfragen selbstständig lösen in EA
- Selbstständig ein kleines Rätsel aufschreiben.

Im Kinderzimmer 1

Im Kinderzimmer 2

- Drei Freunde treffen sich im Kinderzimmer zum Spielen. Betrachte das obere Bild genau und vergleiche mit dem zweiten. Findest du die acht Fehler im zweiten Bild? Kreuze an, wo etwas fehlt. (**X**)
- In dem Zimmer gibt es viele Spielsachen. Erzähle und notiere, was es alles gibt.

Im Kinderzimmer

In Davids Kinderzimmer gibt es viele Dinge.
Mithilfe von Linien können wir uns diese Dinge vorstellen.
Welche Formen kannst du erkennen?
Male in den Kasten neben dem Gegenstand diese Zeichen:

für rund ◯ , für viereckig ▢ und für dreieckig △ .

Stifte	Radiergummi	Spitzer	Burg
Drachen	Bauklötze	Ball	Bonbon
Mäppchen	Trommel	Turm	Buch

● Stelle deinem Partner ein Rätsel: Beschreibe einen Gegenstand aus
dem Kinderzimmer und lasse deinen Partner raten.
● Versuche selbst Spielsachen aus dem Kinderzimmer zu zeichnen.

Riedl/Schweiggert: Bilder lesen, Texte schreiben 1./2. Klasse © Brigg Pädagogik Verlag GmbH, Augsburg

Sachgeschichten 3

Wie die Dinge sind

rund

eckig

viereckig

spitz

dreieckig

schwer

weich

sauer

leicht

süß

hart

langsam

kurz

dick

schnell

lang

dünn

Gib zwei Wiewörter an.	Suche das Gegenteil!
Das Auto ist rund und	
Die Torte	
Der Drachen	
Die Bälle sind	
Die Bücher	
Die Stifte	

- Suche zu den Gegenständen die passenden Wiewörter.
  Verbinde Bild und Wörter mit Strichen.
- Vervollständige die Sätze mit zwei passenden Wiewörtern.
- Suche zum zweiten Wiewort das Gegenteil.

Riedl/Schweiggert: Bilder lesen, Texte schreiben 1./2. Klasse © Brigg Pädagogik Verlag GmbH, Augsburg

Rätselraten

Valeria

> Was habe ich gemalt?

Es ist groß, viereckig, aber
auch dreieckig.

Uwe

> Womit habe ich gespielt?

Es ist rundlich, leicht und länglich.

Gabi

> Was habe ich gegessen?

Es ist rund, süß und klebrig.

Oktay

> Was habe ich gebastelt?

Es ist dreieckig, bunt und leicht.

> Wer schreibt jetzt
> ein Rätsel auf?

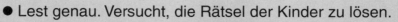

- Lest genau. Versucht, die Rätsel der Kinder zu lösen.
- Verbinde die Frage in der Sprechblase mit dem passenden Bild.
- Schreibe selbst ein Rätsel auf.

Riedl/Schweiggert: Bilder lesen, Texte schreiben 1./2. Klasse © Brigg Pädagogik Verlag GmbH, Augsburg

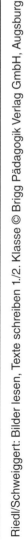

A: Bilder lesen
Aufgaben

- Erfahren, dass Bilder der Gegenstandserfahrung dienen
- Linien (Striche) als gestaltendes Bildelement erkennen
- Erfassen, dass Linien die wichtigsten Merkmale eines Tieres erkennen lassen.

Betrachtungsmöglichkeiten

- Mithilfe der Linien die charakteristischen Merkmale eines Tieres erfassen
- Verschiedene Linienarten und Formen kennenlernen und unterscheiden
- Ungewöhnliche Perspektiven bzw. extreme Ausschnitte erkennen
- Informationen über Tiere, Gegenstände und Situationen aus Bildern entnehmen (AB 4).

Bilder als Anregung zu eigenen interessanten Tätigkeiten und Experimenten

- Mithilfe eines Drahtes die Umrisse eines Tieres aus einer Linie zurechtbiegen (AB 1)
- Begonnene Tierbilder fertig zeichnen
- Tierbilder differenziert betrachten und passende Wiewörter zuordnen (AB 2)
- Selbst zeichnerisch ein Bild aufbauen: Mit einer Linie beginnen. Weiterzeichnen … Was könnte das werden? (in PA).

B: Texte schreiben
Aufgaben

- Tiere auf Einzelbildern richtig benennen
- Die charakteristischen Merkmale eines Tieres kurz und genau darstellen
- Das Aussehen eines Tieres mit passenden Eigenschaftswörtern beschreiben
- Eine einfache Tierbeschreibung (in Rätselform) verfassen (AB 3)
- Tierbildern die passenden Beschreibungssätze zuordnen (AB 4).

Inhalt der Arbeitsblätter

AB 1: Mein liebstes Haustier
Die charakteristischen Merkmale eines Tieres erkennen, Namenwörter zuordnen
AB 2: Tiere fertig zeichnen, passende Wiewörter zuordnen

AB 3: Wichtige Merkmale eines Tieres nennen – ein Tier beschreiben, auch in Rätselform
AB 4: Tierrätsel: Die passenden Sätze dem jeweiligen Tierbild zuordnen.

1. Motivationsphase

1.1 Mein liebstes Haustier: Erzähle von deinem liebsten Haustier, was es kann und was es gerne tut.

1.2 Wir erfinden heute Tierrätsel.

2. Mündliche und halbschriftliche Gestaltungsphase

2.1 Arbeit mit **AB 1**
- Wir wollen das Haustier, das nur mit einer einzigen Linie gezeichnet ist.
- Tierzeichnungen betrachten, mit Buntstift nachspuren, Aussprache
- Ergebnis 1: Die Tiere sind an bestimmten Merkmalen zu erkennen.
  Ergebnis 2: Eine einzige Linie lässt die wichtigsten Merkmale erkennen.
- Die richtigen Namenwörter zuordnen.

2.2 Kannst du einen Fisch mit einer einzigen Linie zeichnen?
- Mithilfe eines Drahtes die Umrisse eines Tieres aus einer Linie zurechtbiegen

2.3 Wie Tiere aussehen (AB 2)
- Tierbilder fertig zeichnen
- Eigenschaftswörter zuordnen
- Erkenntnis: Wiewörter kennzeichnen Tiere

3 Schriftliche Gestaltungsphase

3.1 Heiteres Tiereraten (AB 3)
- Texte lesen – die wichtigsten Merkmale erkennen und unterstreichen: Katze, schwarzes Fell, weiße Pfoten, runder Kopf, kleine spitze Ohren, schleichen, schnurren; Hund: langer, schlanker Körper, buschiger Schwanz, langes Maul, scharfe Zähne, knurren, bellen
- Erkenntnis: Wie man ein Tier beschreibt
  Wie das Tier aussieht, was es kann, was es gerne tut
- Ein Rätsel über dein Lieblingstier verfassen

3.2 Vorgegebene Sätze einem Tierbild zuordnen (AB 4).

Mein liebstes Haustier

Eine einzige Linie
lässt die wichtigsten
Merkmale eines Tieres
erkennen.

*Wir wollen das
Haustier, das nur mit
einer einzigen Linie
gezeichnet ist.*

Schildkröte   Katze   Hund   Ente   Hase   Fisch

● Schau genau. Welches Tier ist dargestellt?
● Wie erkennst du es? Gib die Merkmale an.
● Spure die Tiere mit einem Buntstift nach.
● Ordne dem Bild den richtigen Namen zu.

Riedl/Schweiggert: Bilder lesen, Texte schreiben 1./2. Klasse © Brigg Pädagogik Verlag GmbH, Augsburg

Wie Tiere aussehen

schlank

dünn

groß

dick

klein

lang

schwer

kurz

- Betrachte die Bilder genau und zeichne die Tiere fertig.
- Ordne dem jeweiligen Tier die passenden Wiewörter zu.

Heiteres Tiereraten

Mein Tier hat ein schwarzes
Fell und vier weiße Pfoten. Es hat einen
runden Kopf mit zwei kleinen spitzen Ohren.
Es kann leise schleichen. Wenn sich das Tier
wohl fühlt, schnurrt es.
Wer ist es?

Mein Tier ist groß. Es hat
einen langen, schlanken Körper und
einen buschigen Schwanz. Es hat ein
langes Maul und spitze Zähne.
Es kann knurren und bellen.
Wer ist es?

Schreibe ein Rätsel über dein Lieblingstier.

Wir erzählen,

- wie das Tier aussieht
- was es kann
- was es gerne tut

- Wie soll ein gutes Tierrätsel aussehen? Lies im Kasten!
- Lies jetzt ein Tierrätsel. Unterstreiche die wichtigen Merkmale.
- Schreibe jetzt ein Rätsel über dein Lieblingstier.

Riedl/Schweiggert: Bilder lesen, Texte schreiben 1./2. Klasse © Brigg Pädagogik Verlag GmbH, Augsburg

Peter erzählt:

Mein Tier hat ein Schuppenkleid. ☐

Es hat riesige Ohren und lange Stoßzähne. ☐

Es ist der König der Tiere. ☐

Karin erzählt:

Mein Tier hat einen langen Kopf, ein großes Maul und scharfe Zähne. ☐

Sein Körper ist schlank. ☐

Mit dem Rüssel kann es greifen. ☐

Sabine erzählt:

Mein Tier hat einen langen Körper. ☐

Es hat einen schweren Körper. ☐

Es hat einen dicken Kopf und eine schöne Mähne. ☐

- Da haben die Erzähler doch einiges durcheinandergebracht! Lest die Sätze genau durch. Nur ein Satz passt zum Bild.
- Ordnet die Sätze dem jeweiligen Tier zu und kennzeichnet die Sätze mit dem Anfangsbuchstaben des Tieres. **(E, L oder K)**

Riedl/Schweiggert: Bilder lesen, Texte schreiben 1./2. Klasse © Brigg Pädagogik Verlag GmbH, Augsburg

Eine Zirkusgeschichte

A: Bilder lesen:
Aufgaben

- Die Bilder und ihren Bedeutungsgehalt richtig erfassen und in Sprache umsetzen
- Einzelzeichen in Form und Anordnung und in ihrer Bedeutung bewusst und differenziert wahrnehmen
- Bewegungen von Menschen und Tieren erkennen und versprachlichen.

Betrachtungsmöglichkeiten

- Die Bildsituation auf Einzelbildern mit der Lupe genau betrachten und entziffern
- Bewegungen der Menschen, der Tiere erkennen und artikulieren.

Kreative Auseinandersetzung

- Bewegungen (siehe Zeichnungen) von Menschen und Tieren im Spiel pantomimisch darstellen
- Den Zusammenhang von Bildern erkennen: Was war vorher? Was folgt darauf? Was spielt sich zwischen den Bildern ab?

B. Texte schreiben
Aufgaben

- Die Bildsituationen sprachlich umsetzen und spielerisch darstellen **(AB 1 und 4)**
- Unsinnsätze berichtigen **(AB 2)**
- Bildern den passenden Satz zuordnen
- In Lückensätze Tunwörter richtig einsetzen
- Ein einfaches „Zauberkunststück" erklären
- Eine Anleitung in der Ich-Form aufschreiben.

Inhalt der Bilderfolge

AB 1: Plakatsäule mit Ankündigung: Zirkus Bim kommt; Erzählblatt
AB 2: Einladung zur Zirkusschau: Die Verse richtig vervollständigen. Nr.1: Der Mann mit der Peitsche ist ein Dompteur und der mit den Kugeln ein Jongleur. Nr. 2: Das kleine Mädchen wird euch entzücken. Es turnt auf dem Pferderücken. Nr. 3: Aus dem Zauberhut – kaum zu glauben – fliegen weiße Tauben. Nr. 4: Der Dompteur lässt die Peitsche knallen. Das will dem Pferdchen nicht gefallen. Nr. 5: Der Clown wird Posaune spielen und singen und euch alle zum Lachen bringen.
AB 3: In Lückensätze die passenden Tunwörter einsetzen.
AB 4: Eine Anleitung aufschreiben: Das magische Quadrat

1. Ich schneide aus einem Zeichenblatt ein 5-cm-Quadrat. 2. Dann falte ich das Quadrat und male Zauberstriche drauf. 3. Nun schneide ich die Schnitte von unten und oben her. 4. Jetzt schneide ich die Falze durch. Den ersten und letzten Falz schneide ich nicht auf.

Durchführung

1. Motivationsphase

1.1 Zirkusrätsel: Ein Kind spielt pantomimisch eine Zirkusrolle vor (Seiltänzerin, Turnerin, Dompteur oder Zirkustier); Kinder raten

1.2 Ausprache über Zirkuserlebnisse.

2. Mündliche Gestaltungsphase

2.1 Bilder genau betrachten und erzählen **(AB 1)**
- Gespräch über den Inhalt führen
- Die einzelnen Bildszenen beschreiben
- Die artistischen Übungen von Menschen und Tieren beschreiben

2.2 Mithilfe der Bilder über eine Zirkusvorstellung berichten.

3. Halbschriftliche Gestaltungsphase

3.1 Text und Bild als Anregung **(AB 2)**
- Verse mithilfe der Reimwörter und der Bilder richtig stellen (Farbstifte verwenden) und mit Mimik und Gestik vortragen
- Text und Bilder sollen zum spontanen Nachspielen und Weiterspielen oder zur Gestaltung einer richtigen Zirkusvorstellung einladen
- „Hereinspaziert! Hereinspaziert": Selbst solche Einladungsverse oder Ansagen erfinden und aufschreiben (PA).

3.2 Tätigkeiten und Vorgänge benennen **(AB 3)**
- Das richtige Tunwort in Lückensätze einsetzen – ausprobieren
- Tunwörter in pantomimische Darstellung umsetzen: blasen, werfen, fahren, stehen, reiten, turnen
- Einem Bild den passenden Satz zuordnen

3.3 Selbstständige Bearbeitung.

4. Schriftliche Gestaltungsphase

4.1 Eine einfache Bastelanleitung mithilfe von Bildern und Vorgaben erklären **(AB 4)**:
- Mündliche Erklärungsversuche
- Erklärungsversuche: klar, verständlich, richtige Reihenfolge beachten

4.2 Eine Anleitung in der Ich-Form aufschreiben

4.3 Grips und Graps spielen den Zaubertrick vor.

- Betrachtet die Bilder gemeinsam. Erzählt, was ihr alles entdeckt.
- Welche Zirkusnummern können die Besucher erleben?
- Spielt eine Nummer in der Klasse vor.
- Erfindet einen Werbespruch für den Zirkus.

Einladung zur Zirkusschau

*Hereinspaziert! Hereinspaziert!
Hier werden Zirkusspiele vorgeführt.*

1	der Mann mit der Peitsche ist ein *Dompteur*
2	das kleine Mädchen wird euch *entzücken*
3	aus dem Zauberhut – kaum zu *glauben*
4	der Dompteur lässt die Peitsche *knallen*
5	der Clown wird Posaune spielen und *singen*

◯	das will dem Pferdchen nicht *gefallen*
◯	und der mit den Kugeln ein *Jongleur*
◯	und euch alle zum Lachen *bringen*
◯	fliegen plötzlich weiße *Tauben*
◯	es turnt ganz toll auf dem *Pferderücken*

- Der Clown kündigt eine Zirkusschau an. Betrachtet zuerst die Bilder.
- Er hat die Verse durcheinander gebracht. Stellt sie richtig! Zum ersten Vers oben gehört ein zweiter Vers von unten dazu. Die Reimwörter helfen euch. Setzt in den Kreis die richtige Zahl von oben ein.
- Überlegt, wie ihr die Bilder spielen und in einer Zirkusschau vorstellen könntet.

Riedl/Schweiggert: Bilder lesen, Texte schreiben 1./2. Klasse © Brigg Pädagogik Verlag GmbH, Augsburg

Tolle Zirkusnummern

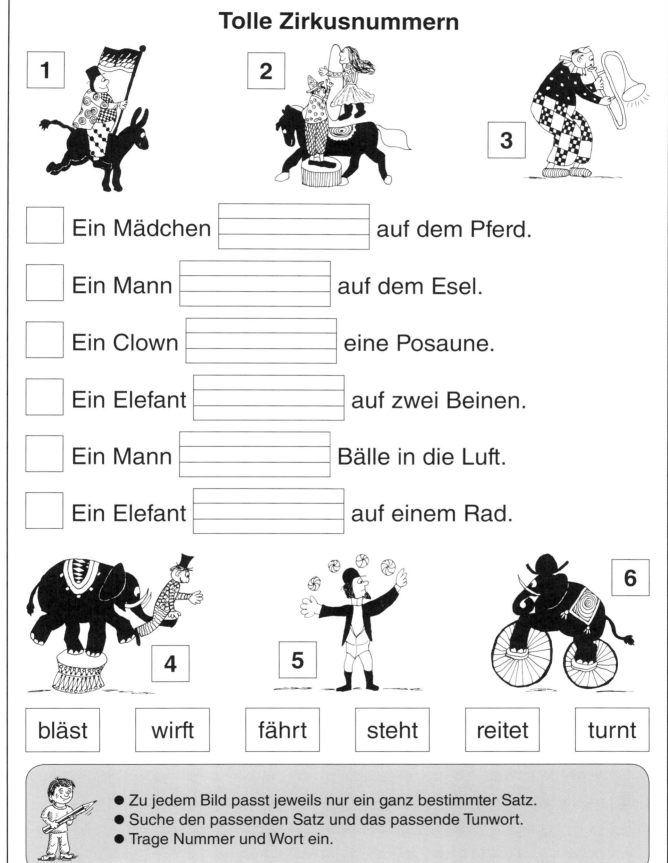

Ein Mädchen _____ auf dem Pferd.

Ein Mann _____ auf dem Esel.

Ein Clown _____ eine Posaune.

Ein Elefant _____ auf zwei Beinen.

Ein Mann _____ Bälle in die Luft.

Ein Elefant _____ auf einem Rad.

bläst   wirft   fährt   steht   reitet   turnt

● Zu jedem Bild passt jeweils nur ein ganz bestimmter Satz.
● Suche den passenden Satz und das passende Tunwort.
● Trage Nummer und Wort ein.

Riedl/Schweiggert: Bilder lesen, Texte schreiben 1./2. Klasse © Brigg Pädagogik Verlag GmbH, Augsburg

Die lustigen Zirkusclowns zaubern

Über Grrips und Grraps haben schon viele Kinder gelacht.

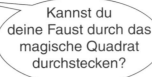

Kannst du deine Faust durch das magische Quadrat durchstecken?

Hahaha! Hihihi! Der alte Trick steht in meinem Zauberbuch!

Das magische Quadrat

Aller guten Dinge sind drei,
auch bei dieser Zauberei.

Der Zauberer braucht:
1. einen schwarzen Filzstift,
2. ein Zeichenblatt,
3. eine Schere.

(1.) Schneide aus einem Zeichenblatt …

5 cm
5 cm

ein 5-cm-Quadrat!

(2.) So, jetzt geht's auf.

1 2 3 4 5 6 7 8
1 2 3 4 5 6 7 8

Falte das Quadrat und male Zauberstriche drauf!

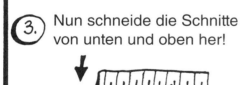

(3.) Nun schneide die Schnitte von unten und oben her!

Das ist nicht schwer!

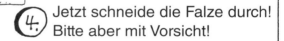

(4.) Jetzt schneide die Falze durch! Bitte aber mit Vorsicht!

nicht!

Den ersten und letzten Falz schneide bitte nicht.

Wer kann seine Faust durch das magische Quadrat stecken?
- Betrachtet die Bilder und lest die Sätze dazu genau durch.
- Besorgt euch die Arbeitsgeräte und arbeitet nach Anleitung.
- Schreibt die Anleitung in der Ich-Form auf.

Riedl/Schweiggert: Bilder lesen, Texte schreiben 1./2. Klasse © Brigg Pädagogik Verlag GmbH, Augsburg

Eine Vogel-Fisch-Geschichte

A: Bilder lesen
Aufgaben

- Bildsprache verstehen lernen, Bildelemente – Striche und Linien deuten lernen
- Informationen aus gezeichneten Tierbildern über Situationen und Handlungen entnehmen
- Gefühlszustände der Tiere an Bildelementen erkennen, ablesen bzw. entdecken.

Betrachtungsmöglichkeiten

- Die Grundform der gezeichneten Tiere miteinander vergleichen, Merkmale finden
- Teilausschnitte am Gesamtbild wieder entdecken
- Jede Tierart durchgehend auf allen Bildern vergleichen. (Lupe verwenden).

Kreativer Umgang mit Bildzeichen

- Eigene Bildzeichen selbst entwerfen und entwickeln (Fisch und Vogel) **AB 1, Bild 1**
- Ausschnitte selbst auswendig weiter zeichnen
- Die Geschichte pantomimisch – mit Haltung, Bewegung und Gesichtsausdruck bzw. mit einem einfachen Dialog darstellen.

B: Texte schreiben
Aufgaben

- Einen kleinen Dialog zwischen Vogel und Fisch erfinden und aufschreiben **(AB 2)**
- Die Geschichte mit einfachen Worten erzählen – eine Vorgeschichte erfinden
- Aus Vorgaben den Bildern passende Redesätze zuordnen **(AB 2)**
- Die Gefühle der Tiere mit Wiewörtern ausdrücken **(AB 3)**
- Wiewörter als eine Form der Beschreibung von Lebewesen kennen und verwenden.

Inhalt der Bilderfolge

Bild 1: Der Vogel möchte nicht nur fliegen, er möchte auch schwimmen können. Der Fisch ermuntert ihn, ins Wasser zu springen.
Bild 2: Der Vogel springt in den See und taucht sofort unter.
Bild 3: Dem Vogel geht die Luft aus und um Luft schnappend taucht er wieder auf.
Bild 4: Traurig steht der Vogel wieder am Ufer, während der Fisch höhnisch aus dem Wasser grinst.

Durchführung

1. Motivation

1.1 Einstieg mit **AB 1, Bild 1**
Einleitung lesen und Bild 1 betrachten (alle anderen Bilder abdecken lassen)
Fisch und Vogel – einen Dialog erfinden

1.2 Klassengespräch: Vergleich von Vogel (als Tier, das sich auf der Erde und in der Luft bewegen kann) und dem Fisch (als Tier, das im Wasser lebt)

1.2 Vermutungen: Wie könnte die Geschichte weitergehen?

1.3 Die Bilderfolge erzählt eine Tierfabel. Eine Vogel-Fisch-Geschichte erzählen.

2. Mündliche und halbschriftliche Gestaltung

2.1 Stille Betrachtung der Bilder **(AB 1)** mit Zuordnung der kleinen Ausschnitte in EA

2.2 Der Inhalt der Bilderfolge:
- Aussprache: Die Wünsche eines Vogels, auch einmal so schwimmen und tauchen zu können wie ein Fisch.
- Zu jedem Bild einen zuammenfassenden Satz suchen:
  Bild 1: Der Vogel möchte ein Fisch sein.
  Bild 2: Der Vogel taucht unter.
  Bild 3: Er schnappt nach Luft.
  Bild 4: Der Vogel weint.

2.3 Die Geschichte spielen
- Vorbereitung des Spiels: in PA zu jedem Bild einen Dialog erfinden
- Die vorgegebenen Sätze den Sprechblasen zuordnen **(AB 2)**
- Die Partner-Gruppen spielen vor

2.4 Der Gehalt der Geschichte
- Wir schauen jetzt die Figuren in ihrem Element ganz genau an: (s. Ausschnitte auf **AB 1**) und versuchen die beiden Tiere und ihr Verhalten zu beschreiben.
- Betrachtung der beiden Tiere auf **AB 1**: (Haltung, Augen, Schnabel, Maul)
  Der Fisch (Bild 2, 3 und 4): schlau, scheinheilig, schadenfroh, hinterlistig usf.
  Der Vogel (1, 2, 3 und 4): ahnungslos, mutig, dumm, vertrauensselig, hilflos, traurig usf.
  Das sind menschliche Eigenschaften
- Erkenntnis: Wiewörter sagen, wie Menschen sein können – Zuordnung auf **(AB 3)**.

3. Schriftliche Gestaltung

3.1 Zuordnung der passenden Sätze **(AB 4)**.

Eines Tages entdeckt ein Vogel einen Fisch. Der streckt gerade seinen Kopf aus dem Wasser. Der Vogel sagt zu ihm: „Du hast es gut. Könnte ich doch auch …!"

Wie geht die Geschichte weiter?
Betrachte die Bilder und erzähle.

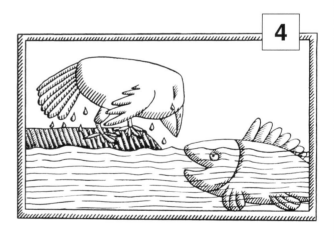

● Betrachtet die Vogel-Fisch-Bilder zuerst ganz genau! Wo gehören die kleinen Bilder hin? Sucht das Bild und tragt die Zahl in das Kästchen ein.
● Versucht, die Geschichte zu spielen.

Riedl/Schweiggert: Bilder lesen, Texte schreiben 1./2. Klasse © Brigg Pädagogik Verlag GmbH, Augsburg

Tja, das kommt davon!	Hilfe! Hilfe! Ich ertrinke!
Ach, du hast es gut! Ich möchte auch schwimmen.	I-i-i-ich k-k-krieg k-k-keine L-l-luuft …

Komm doch rein zu mir!	Richtig, immer tiefer!
Huuuuuuuh! Ich habe es nicht geschafft!	Du hast dich dumm angestellt.

- Betrachtet jedes Bild ganz genau. Sprecht darüber.
- Überlegt nun: Was könnten die Tiere miteinander sprechen?
- Schneidet obige Redesätze aus, ordnet sie den Sprechblasen richtig zu und klebt sie ein.

Riedl/Schweiggert: Bilder lesen, Texte schreiben 1./2. Klasse © Brigg Pädagogik Verlag GmbH, Augsburg

ängstlich

mutig

schlau

dumm

frech

gemein

neugierig

hilflos

schadenfroh

hinterlistig

traurig

zornig

Wiewörter sagen, wie die Tiere in der Geschichte sind.
Wiewörter gehören zum Namenwort. Beispiele: Der Fisch ist schlau.
Der schlaue Fisch …

- Betrachte das Bild ganz genau und suche dann dazu das passende
  Wort, das die Mimik des Tieres beschreibt.
- Verbinde Bild und Wort mit einem Strich.

Riedl/Schweiggert: Bilder lesen, Texte schreiben 1./2. Klasse © Brigg Pädagogik Verlag GmbH, Augsburg

Ein Vogel entdeckt einen Fisch im Wasser. Er möchte auch gerne schwimmen und tauchen können wie der Fisch.

(a) Der Fisch sagt:
„Spring hinein!"

(b) Der Fisch schwimmt davon.

(d) Der schlaue Fisch sagt:
„Das ist ganz einfach. Komm nur herein."

(e) Der Vogel muss ertrinken.

(u) Der dumme Vogel taucht tief unter.
Er kriegt keine Luft mehr.

(o) Der Fisch schwimmt davon.

(r) Der arme Vogel schimpft.

(h) Der Fisch freut sich darüber.

(m) Der arme Vogel taucht auf und
schnappt nach Luft.

(s) Der Vogel schläft am Ufer ein.

(k) Der schadenfrohe Fisch lacht den
armen Vogel aus.

(m) Der Vogel steht traurig am Ufer.

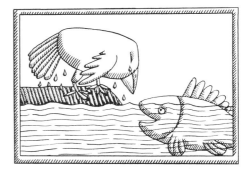

● Betrachte das Bild. Lies jeden Satz genau. Zu jedem Bild passt nur ein Satz! Kreuze ihn an!
● Die Buchstaben in den angekreuzten Kreisen ergeben ein Lösungswort. Es passt für den Vogel.

Riedl/Schweiggert: Bilder lesen, Texte schreiben 1./2. Klasse © Brigg Pädagogik Verlag GmbH, Augsburg

Eine Spielplatzgeschichte

A: Bilder lesen
Aufgaben

- Bilder und Text im Zusammenhang erfassen
- Die Bilder und ihren Bedeutungsgehalt richtig erfassen und in Sprache umsetzen
- Gesichter lesen und auf die Stimmungen schließen.

Betrachtungsmöglichkeiten

- Gesichter miteinander vergleichen
- Wie artikulieren sich die Personen
- Gefühle und Befindlichkeiten erkennen.

Kreative Auseinandersetzung

- Mit Wort, Bild (Zeichnung) und Spiel darstellen, wie man sich fühlt
- Den Zusammenhang von Bildern erkennen: Was war vorher? Was folgt darauf? Was spielt sich zwischen den Bildern ab?
- Einen originellen eigenen Schluss erfinden und malen.

B. Texte schreiben
Aufgaben

- Das Mienenspiel eines Gesichtes beschreiben (Augen, Mund, Falten usf.)
- Die Lückensätze mit passenden Wiewörtern ergänzen
- Eine zusammenhängende Geschichte nacherzählen
- Einen eigenen positiven Schluss erfinden.

Inhalt der Bilderfolge

Das Tellermädchen von E. P. Müller
Es war einmal ein kleines Mädchen. Das hatte große Ohren. Die Ohren war so groß wie Teller. Deshalb sagten die Kinder „Tellermädchen". Aber es war immer lustig.
Das Mädchen wollte mit den anderen Kindern spielen. Aber niemand wollte mit ihm spielen. Die Kinder lachten das Mädchen aus. Da ärgerte sich das Mädchen sehr und sagte: „Ich kann doch nichts dafür, dass ich so große Ohren habe. Ihr seid doch alle blöd!"
Das Mädchen war sehr zornig. Es stampfte mit den Füßen und wackelte mit den Ohren. Das sah sehr komisch aus. Die Kinder lachten noch mehr. Das Mädchen wurde noch wütender und schlug zu. Da waren die Kinder erschrocken. Sie bekamen Angst. Sie schrien: „Du bist bös!" Die Kinder liefen davon.
Da wurde das Mädchen noch trauriger. Nun war es wieder allein. Das Mädchen weinte. Dann …

Durchführung

1. Motivationsphase

1.1 Bild des weinenden Mädchens (AB 3) zeigen. Evi ist traurig. Warum? Vermute.

1.2 Wir lesen eine Comicgeschichte.

2. Mündliche Gestaltungsphase

2.1 Bilder betrachten und Text lesen (AB 1)
- Gespräch über den Inhalt der BG führen
- Die einzelnen Bildszenen beschreiben
- Ausdrucksgebaren und Mienenspiel der Kinder beschreiben und interpretieren

2.2 Mithilfe der Bilder eine zuammenhängende Geschichte frei erzählen.

3. Halbschriftliche Gestaltungsphase

3.1 Bildbetrachtung: Das Mienenspiel betrachten – Bildzeichen deuten (AB 2)
- Wie kannst du erkennen, dass das kleine Mädchen fröhlich oder traurig ist – am Gesicht?
- Punkte, Striche zeigen, wie sich das Gesicht verändert.
- Was ein Gesicht alles kann: lachen, weinen usf. Falten machen (wütend sein, nachdenken usf.) Tunwörter den Bildern zuordnen (AB 2)

3.2 Bildbetrachtung: Stimmungen und Gefühle
- Das Gesicht zeigt, wie sich Evi fühlt
- Eigenschaftswörter den Bildern zuordnen (AB 2)
- Gefühle in Pantomime umsetzen und versprachlichen (z.B. traurig, müde, missmutig)
- Erkenntnis und Merksatz: Das Gesicht zeigt, wie sich ein Mensch fühlt. Es kann Stimmungen und Gefühle zeigen.

3.3 Zusammenfassung und Vertiefung (AB 3)
- Selbstständige Bearbeitung von AB 3: lachen – dann weinen.

4. Schriftliche Gestaltungsphase

4.1 Die Geschichte im dialogischen Spiel darstellen und versprachlichen
Aufgabe 1: Eine zusammenhängende Geschichte mit wörtlichen Redeteilen erzählen (AB 4)
- Das Mienenspiel der dargestellten Kinder vormachen, erraten lassen und versprachlichen

4.2 Aufgabe 2: Eine Lösung bzw. einen positiven Schluss suchen und malen (AB 5)
- Den Konflikt im Rollenspiel darstellen und Lösungen durchspielen, verbalisieren.

Eine Spielplatzgeschichte 1

Die Geschichte vom Tellermädchen

Es war einmal ein kleines Mädchen. Das hatte große Ohren. Die Ohren waren so groß wie Teller. Deshalb riefen die Kinder:

Das Mädchen wollte mit den anderen Kindern spielen. Aber niemand spielte mit ihm. Die Kinder lachten es aus.

Aber das kleine Mädchen war immer lustig.

Und das Mädchen sagte:

Da wurde Evi wütend, stampfte mit den Füßen und wackelte mit den Ohren. Das sah komisch aus. Die Kinder spotteten:

Da waren die Kinder erschrocken. Sie bekamen Angst und schrien:

Da wurde das Mädchen noch wütender und schlug zu.

Die Kinder liefen davon.

Das Mädchen wurde noch trauriger. Nun war es wieder allein. Das Mädchen weinte.

Riedl/Schweiggert: Bilder lesen, Texte schreiben 1./2. Klasse © Brigg Pädagogik Verlag GmbH, Augsburg

Punkt, Punkt, Komma, Strich …
und das Gesicht verändert sich.

  Das Gesicht kann

staunen Falten machen lachen weinen

Das Gesicht zeigt, wie sich das Mädchen fühlt.
Das kleine Mädchen ist

wütend traurig erstaunt froh

 Das Gesicht zeigt, wie sich ein Mensch fühlt.
Es kann Stimmungen und Gefühle zeigen.

- Was kann das Gesicht alles? Suche zwei passende Tunwörter aus.
  Ordne die Tunwörter mit Strichen den Gesichtern zu.
- Wie fühlt sich das Mädchen? Suche zwei passende Wiewörter aus.
  Ordne die Wiewörter mit Strichen den Gesichtern zu.

Riedl/Schweiggert: Bilder lesen, Texte schreiben 1./2. Klasse © Brigg Pädagogik Verlag GmbH, Augsburg

Gesichter betrachten, Gefühle und Stimmungen erkennen | **Eine Spielplatzgeschichte 3** | Passende Wiewörter und Tunwörter einsetzen

Lachen – dann Weinen

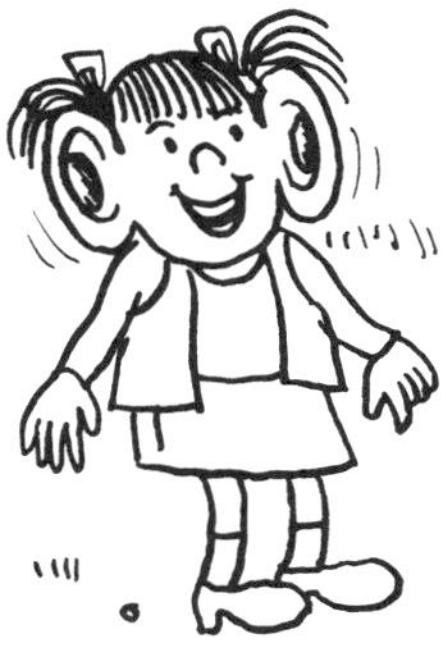

Das kleine Mädchen ist ______

Die Jungen rufen „Tellermädchen!“

Evi findet es ______

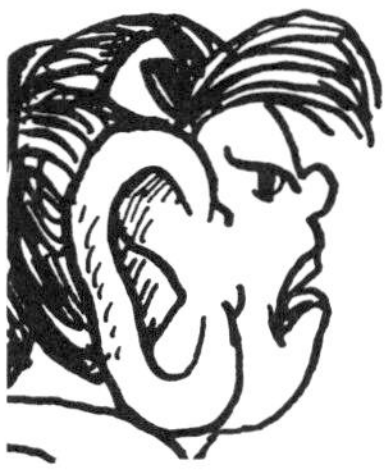

Die Kinder lassen es nicht ______

Das kleine Mädchen ist ______

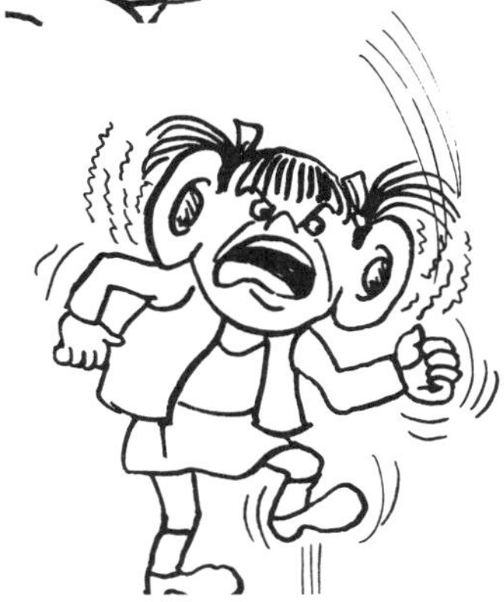

Das kleine Mädchen ist ______

Evi stampft mit den Füßen und wackelt mit den Ohren. Das ist ______

Die Kinder ______ noch mehr.

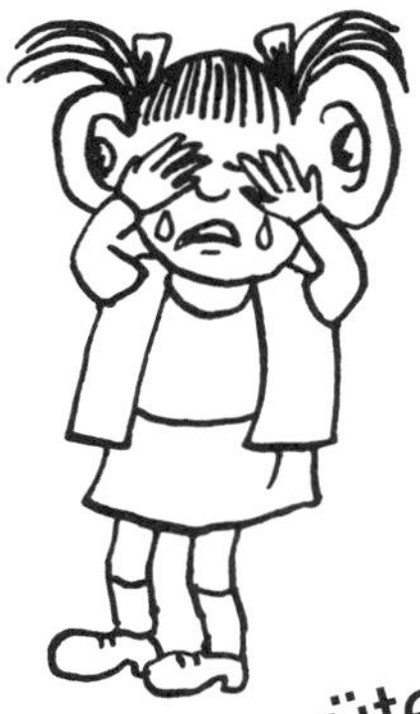

Das kleine Mädchen ist ______

Niemand spielt mit dem Mädchen.

Es ist ______

lustig wütend allein traurig fröhlich komisch mitspielen ärgerlich lachen

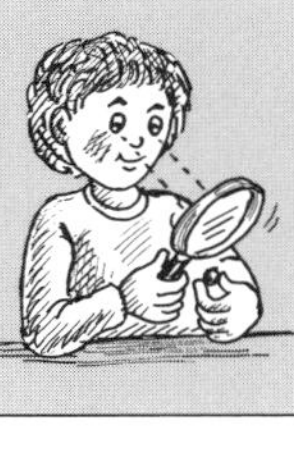

- Betrachte das Gesicht des kleinen Mädchens.
- Lies die Lückensätze neben dem Bild. Überlege!
- Wähle nun die passenden Wörter aus und setze sie ein.

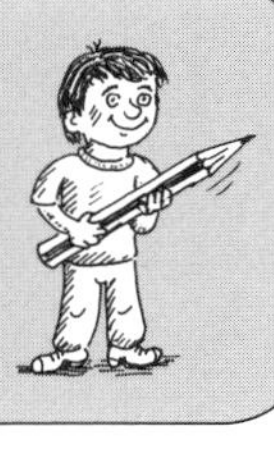

Das Tellermädchen

E. P. Müller

Evis Ohren waren groß, so groß wie Teller.
Die Jungen riefen ihr nach: „Tellermädchen! Tellermädchen!"
Evi fand das lustig und war immer fröhlich.

Evi wollte mit den anderen Kindern spielen.
Niemand wollte mit ihr spielen.
Die Kinder lachten das kleine Mädchen aus.
Da ärgerte sich Evi sehr und rief: „Ich kann doch
nichts für meine Ohren. Ihr seid alle blöd!"

Dann wurde das Mädchen wütend.
Es stampfte mit den Füßen und wackelte mit den Ohren.
Das sah komisch aus.
Da lachten die Kinder noch mehr und riefen: „Rumpelstilzchen!"

Evi wurde noch wütender und haute zu.
Die Kinder erschreckten sich und bekamen Angst.
Sie riefen: „Du bist bös! Du bist bös!" und liefen davon.

Da wurde Evi ganz, ganz traurig.
Nun war sie wieder allein.
Das Mädchen weinte.
Aber dann …

● Lest die Geschichte gemeinsam durch.
● Erfindet einen schönen Schluss, sodass das
  kleine Mädchen wieder fröhlich sein kann.
  Malt zwei Bilder.
● Spielt die Geschichte.

Riedl/Schweiggert: Bilder lesen, Texte schreiben 1./2. Klasse © Brigg Pädagogik Verlag GmbH, Augsburg

Eine Angstgeschichte

A: Bilder lesen
Aufgaben

- Die Bilder und ihren Bedeutungsgehalt richtig erfassen und in Sprache umsetzen
- Zeichen (Sprech- und Denkblasen etc.) lesen und deuten **(AB 4)**
- Zeichen für Angst in Mimik und Gestik **(AB 1)** herausfinden und deuten
- Hell-Dunkel-Kontrast beachten. **(Bild 3, 4, 5 und 6)**

Betrachtungsmöglichkeiten

- Bilder miteinander vergleichen und Unterschiede erkennen und deuten **(AB 3)**

Auseinandersetzungsmöglichkeiten

- Auf die richtige Reihenfolge achten **(AB 2)**
- Den Zusammenhang von Bildern erkennen; Bilder ordnen: Was war vorher? Was folgt darauf?

B. Texte schreiben
Aufgaben

- Die richtige Reihenfolge einer Bildgeschichte erfassen
- Gefühle der Angst ausdrücken
- Treffende Zeitwörter verwenden
- Satzarten kennenlernen und einsetzen
- Sätze vervollständigen
- Einfälle aufschreiben, Stichwörter notieren.

Inhalt der Bilderfolge (AB 2)

Bild 1: Mutter beauftragt Tim, im Keller eine Schüssel Kartoffeln zu holen.
Bild 2: Tim ist ängstlich und geht daher nicht gerne in den dunklen Keller.
Bild 3: Erschrocken horcht Tim auf und ruft, als er im Keller ein Knacken hört.
Bild 4: Zitternd steht er auf den Kellerstufen, er glaubt im dunklen Keller warte ein Riesenmonster auf ihn.
Bild 5: Jetzt meint er, dass das Riesenmonster heraufkommt und ihn ergreifen will. Schreiend stürmt er die Kellerstufen hoch.
Bild 6: Hilfe rufend rennt er in die Küche. Mutter beruhigt ihn: Das war bestimmt bloß ein Mäuschen.

Erzählhilfen

Anschaulich erzählen **(AB 3)**
Aufgabe 1: Treffende Tunwörter verwenden, lebendig erzählen **(AB 4)**
Aufgabe 2: Lebendig erzählen, verschiedene Satzarten verwenden – Ausrufesätze, Fragesätze, Erzählsätze, Redesätze. **(AB 4)**

Durchführung

1. Motivationsphase

1.1 Lehrererzählung: Als wir noch Kinder waren, fürchteten wir uns, in den Keller zu gehen, weil es dort finster war, weil wir Angst hatten vor Spuk und Geistern. Erst als Mutter das Licht anmachte – oder uns eine brennende Kerze in die Hand gab – war alle Angst wie weggeblasen.
  - Kindererzählung: Als ich einmal Angst hatte

1.2 Eine Angstgeschichte lebendig erzählen.

2. Mündliche und halbschriftliche Gestaltungssphase

2.1 Das Gespenst im Keller **(AB 1)**
  - Bildbetrachtung: Zeichen, Mimik, Sprechblasen erkennen und deuten (in PA oder GA)
  - Sammelarbeit in PA

2.2 Betrachtung der Bildfolge **(AB 2)**: Reihenfolge ordnen, inhaltliche Klärung, Überschrift suchen

2.3 Mündliche Erzählversuche: Eine einfache zusammenhängende Geschichte erzählen

2.4 Gestaltungsaufgabe 1: Treffende Tunwörter verwenden **(AB 3)**, Gestik und Mimik betrachten und die passenden Tunwörter zuordnen, auswählen und einfügen
Text: Uli muss in den dunklen Keller gehen. Da *hört* er ein Geräusch. Er *zittert*. Dem Angsthasen *gruselt* vor dem Kellermonster. Der arme Kerl *stürmt* schreiend die Treppe hinauf.

3. Schriftliche Gestaltungsphase

3.1 Gestaltungsaufgabe 2: Lebendig erzählen **(AB 4)**
  - In PA oder GA: Mimik und Gestik betrachten, Texte und Zeichen zuordnen und deuten
  - Vorschläge mündlich erarbeiten: Was denkt, ruft, schreit Tim? Was sagt die Mutter?

3.2 Sprachliche Mittel untersuchen und bewusst nutzen **(AB 4)**
  - Satzarten erkennen und verwenden: GA Erzählsatz, Ausrufesatz und Fragesatz
  - In EA Satzstreifen ausschneiden und in die Sprech- bzw Denkblasen einkleben

3.3 Selbstständige schriftliche Gestaltung:
  - 1. Möglichkeit: Die passenden Sätze mit Redebegleitsatz ins Heft schreiben
  - 2. Möglichkeit: Eigenständiges Aufschreiben einer kleinen Geschichte mithilfe der Vorgaben.

Das Gespenst im Keller

Tim soll in den Keller gehen und Kartoffeln holen. Aber der ängstliche Junge geht nicht gern in den dunklen Keller. Plötzlich! Ein Geräusch!

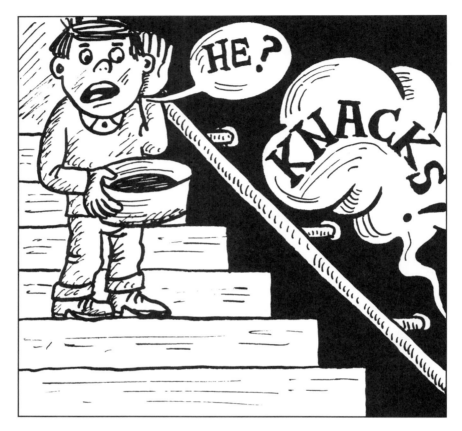

● Betrachtet das Bild genau! Sprecht darüber, wie fühlt sich Tim?
● Sammelt jetzt Wörter, Ausdrücke und Ausrufe, die zum Bild
passen. Notiert euch alles, was euch beim Anschauen einfällt.

Riedl/Schweiggert: Bilder lesen, Texte schreiben 1./2. Klasse © Brigg Pädagogik Verlag GmbH, Augsburg

- Betrachte die Bilder mit deinem Partner ganz genau.
- Ordnet die Bilder der Geschichte in der richtigen Reihenfolge. Tragt die Zahlen 1 bis 6 in die Kreise ein.
- Sucht selbst eine Überschrift für eure Geschichte.

Riedl/Schweiggert: Bilder lesen, Texte schreiben 1./2. Klasse © Brigg Pädagogik Verlag GmbH, Augsburg

Angstgeschichte 3

Das Monster im Keller

schleicht

erschrickt

gehen

hört

stürmt

springt

zittert

rennt

gruselt

Tim muss in den dunklen Keller _____

Da _____ er ein Geräusch. Er _____ .

Dem Angsthasen _____ vor dem Kellermonster.

Der arme Kerl _____ schreiend die Treppe hinauf.

- Betrachtet jedes Bild genau. Wie ist Tim zumute?
- Ordnet jedem Bild die passenden Tunwörter zu.
- Lest nun gemeinsam den Text im Kasten.
- Setzt die passenden Tunwörter ein.

Riedl/Schweiggert: Bilder lesen, Texte schreiben 1./2. Klasse © Brigg Pädagogik Verlag GmbH, Augsburg

Tim hat schreckliche Angst.

Tim soll im Keller Kartoffeln holen. Er geht nicht gern
in den dunklen Keller. Ängstlich denkt er:

Plötzlich ein Geräusch. Erschrocken ruft er:

Jetzt ein Knacken! Zitternd denkt er:

Da packt Tim das kalte Grausen.
Er lässt die Schüssel fallen und schreit:

Endlich kommt die Mutter und lacht:

| Diesen blöden Keller mag ich nicht! | He? Hallo! Ist da jemand unten? |
| Ooooh! Da sitzt ein Monster unten! | Hilfe! Das Monster kommt! |

Das war doch nur eine kleine Maus!

● Betrachte auf den vier Bildern Tims Gesicht. Wie ist
  ihm zumute?
● Schneide die Sätze aus und füge sie in die Sprechblasen ein.

Riedl/Schweiggert: Bilder lesen, Texte schreiben 1./2. Klasse © Brigg Pädagogik Verlag GmbH, Augsburg

Strandgeschichten

A: Bilder lesen
Aufgaben

- Ein Einzelbild mit der Lupe genau betrachten
- Zwei Einzelbilder (Original und Fälschung) miteinander vergleichen und „Fehler" entdecken.

Betrachtungsmöglichkeiten

- Personen und Gegenstände mit der „Lupe" genau betrachten
- Die einzelnen Situationen und Personen am Strand genau betrachten und beschreiben
- Tätigkeiten der Personen erkennen (AB 2)
- Mimik und Gestik der Kinder genau betrachten und deuten (AB 2).

B: Texte schreiben
Aufgaben

- Vorgegebenen Bildern passende Namenwörter zuordnen und aufschreiben
- Vorgegebene Sätze dem jeweiligen Bild zuordnen
- Mithilfe von Stichwörtern sinnvolle Sätze bilden
- Vorgegebene Satzteile zu sinnvollen Sätzen zusammenbauen.

Inhalt der Arbeitsblätter

AB 1: Erzählblatt/Bild 1/Am Strand (Original): Kinder beim Spielen im Sand, Tauchen und Wasserballspielen
Bild 2: Am Strand (Fälschung mit 8 Fehlern):
AB 2: 5 Kinder in entsprechender Position von **AB 1** mit leeren Sprechblasen und passenden Sätzen zum Ausschneiden und Einsetzen
AB 3: Fundsachen am Strand zum Anschauen, Erzählen und Aufschreiben
AB 4: Eine Flaschenpost mit fiktiver Nachricht als Schreibanregung sowie Vorgaben als Schreibhilfe für eine Beantwortung.

Durchführung

1. Motivation

1.1 Einstieg mit (AB 1 / Bild 1 / Original)
- Spontane Schüler-Äußerungen zu Bild 1 Kinder am Strand.

2. Mündliche Gestaltungsphase

2.1 Einleitung (AB 1)
- Bild 1 und Bild 2 vergleichen (PA) Bild 1 Original, Bild 2 Fälschung

2.2 Genaue Betrachtung von Bild 2
8 Fehler entdecken: Schiffchen, Wolke, Leuchtturm, Eimerchen, Schuh, Stern (Fahne), Muschel und Rauchfahne

2.3 Wir erzählen Strandgeschichten.

3. Halbschriftliche Gestaltungsphase

3.1 AB 2 Am Strand ist viel los
- Wir beobachten die Kinder, was sie tun
- Wir hören ihnen zu, was sie reden und rufen

3.2 Sätze ausschneiden und in die Sprechblasen passend einkleben
- Den Kindern Namen geben und rufen, fragen und sprechen lassen
- Satzarten bestimmen: Erzählsatz, Rufsatz, Fragesatz

3.3 Auf Entdeckungsreise am Meer (AB 3)
- Erzählen und aufschreiben, was Ralf und Tim alles finden und sammeln
- Die Flaschenpost: Was ist eine Flaschenpost? Eigene Erfahrungen und Erlebnisse erzählen (s. Geschichte unten).

4. Schriftliche Gestaltungsphase

4.1 Die Botschaft aus der Flasche (AB 4)
Aussprache: Was erfahren wir alles?
Was berichtet Timo alles?

4.2 Gestaltungsaufgabe: Wir schreiben einen kleinen Antwortbrief.
- Sätze bilden mithilfe der Stichwörter
- Selbstständiges Aufschreiben.

Hilferuf in Flaschenpost – Hund rettet Vagabunden

Westfälische Nachrichten, 9.8.2003, London: Ein Hund hat in England eine Flaschenpost mit dem Hilferuf eines Obdachlosen gefunden und den Mann dadurch gerettet. Der Vagabund hatte in einem verlassenen Bauernhaus einen Asthma-Anfall erlitten. Es gelang ihm aber, ein paar Wörter auf ein Stück Karton zu kritzeln, dieses in eine leere Plastikflasche zu stecken und sie aus dem Fenster zu werfen. Hirtenhund Ben fand die Flasche und brachte sie zu seinem Herrchen Brian Besler. Der fand den Obdachlosen, der seit einer Woche nichts mehr gegessen hatte, in dem alten Haus und holte Hilfe.

Am Strand 1

Am Strand 2

- Betrachte zuerst Bild 1 ganz genau. Verwende dein Gucklock!
- Im Bild 2 stecken acht Fehler. Vergleiche beide Bilder!
- Wenn du einen Fehler findest, setze an diese Stelle ein Kreuz (**X**).

Riedl/Schweiggert: Bilder lesen, Texte schreiben 1./2. Klasse © Brigg Pädagogik Verlag GmbH, Augsburg

Strandgeschichten 2

Am Strand ist viel los

Ich baue eine Wasserburg.

Ich bringe Wasser für den Burggraben.

Schaut! Ich habe einen Krebs gefangen!

Juchu! Schaut mal! Ich habe einen Seestern gefunden!

Ist sie nicht toll? Meine Burg?

Schau, ich habe viele Muscheln gesammelt.

- Betrachte die Bilder ganz genau und beschreibe die Szenen.
- Schneide die Sätze sorgfältig aus. Ordne jetzt den Bildern und Sprechblasen die passenden Redesätze zu.
- Spielt die Strandgeschichte vor der Klasse.

Riedl/Schweiggert: Bilder lesen, Texte schreiben 1./2. Klasse © Brigg Pädagogik Verlag GmbH, Augsburg

Auf Entdeckungsreise am Meer

Paul und Tim spazieren am Meer entlang. Sie staunen, was es da alles zu entdecken und zu bewundern gibt.

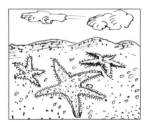   

Paul sammelt

- Schreibe auf, was Paul und Tim sammeln.
- Schreibe auf, was Paul und Tim gemeinsam machen.
- Plötzlich entdecken sie eine Flasche. Was ist denn das? Überlegt. Wie könnte die Geschichte weitergehen?

Eine Flaschenpost

Das ist die Botschaft aus der Flasche:

HALLO! Ich bin TIMO!

Ich mache mit meinen Eltern hier auf Borkum Urlaub.
Ich sammle am Strand gerne Steine und Muscheln.
Manchmal ist es langweilig – ich möchte mit einem Freund eine Burg bauen, aber ich bin alleine.
Den Brief habe ich am 12.8.2007 um 20:30 Uhr auf Borkum dem Meer übergeben.
Bitte schreiben an Timo Berger 20475 Randersand 5

Timo freut sich ganz sicher, wenn er auf seine Flaschenpost eine Antwort bekommt.

Du kannst einen kleinen Antwortbrief schreiben. Diese Wörter helfen dir:

Brief – ich – Freunde – gefunden – ????????

Urlaub – auf ????? mit Oma und Opa

Strand – ich – finden – Bernstein

Wind – stark – Uhrzeit 15 Uhr 30

● Lies die Botschaft aus der Flasche genau durch. Was erfährst du alles?
● Versuche mithilfe der Stichwörter einige Sätze zu bilden.
● Schreibe deine Antwort unten auf die Linien!

Riedl/Schweiggert: Bilder lesen, Texte schreiben 1./2. Klasse © Brigg Pädagogik Verlag GmbH, Augsburg

Quatschgeschichten

A: Bilder lesen
Aufgaben

- Bilder stellen nicht immer die Realität dar. Bilder können auch etwas vortäuschen oder etwas zeigen, was es gar nicht gibt, bzw. was der Betrachter sofort als unrealistisch und deswegen als Quatsch oder „Unsinn" erkennt.
- Gegenstände werden in anderer Umgebung oder in einem anderen Sachzusammenhang dargestellt. Diese Bilder müssen bewusst wahrgenommen und mit der Realität verglichen und überprüft werden.

Betrachtungsmöglichkeiten

- Einzelbildausschnitte erkennen und deuten
- Ungewöhnliches bzw. Unglaubwürdiges oder Veränderung der Dinge im Bild suchen und deuten **(AB 1)**
- Mit eigenem Erleben und eigenen Erfahrungen vergleichen.

Kreative Auseinandersetzung

- Schau zweimal hin: Erstes Wahrnehmen und zweites Wahrnehmen: Was gibt es? Was gibt es nicht? **(AB 1)**
- Bilder und Text im Zusammenhang lesen und deuten
- Wahrnehmungen durch Details begründen und Zeichenzusammenhänge nachweisen
- Vorgegebene Bilder mit eigenen Erfahrungen vergleichen.

B. Texte schreiben
Aufgaben

- Mündliches Beschreiben und Erzählen der dargestellten Situation und Gegenstände
- Zu Bildern einfache Sätze formulieren **(AB 2, 3)**
- Einen vorgegebenen Lückentext mit möglichen vorgegebenen Satzteilen sinnvoll ergänzen **(AB 3)**
- Unsinngeschichten erfinden **(AB 3)**.

Inhalt der Arbeitsblätter

Arbeitsblatt 1: Verrückter Tag, Aprilscherz
Text von J. Guggenmos mit Bildern
Arbeitsblatt 2: Hilfe! Die Türen laufen davon. Zusammengesetzte Namenwörter bilden und erklären; Zur Situation passende Rufe und Redesätze erfinden. Namenwörter erklären: Eine Tür mit Dach ist eine Haustür. Die Tür mit Flügel ist eine Flügeltür. Die Tür der Schule ist die Schultür. Die Tür am Auto ist die Autotür.

Arbeitsblatt 3: Drei Türen auf Wanderschaft – einen Lückentext mit vorgegebenen Satzteilen sinnvoll ergänzen
Arbeitsblatt 4: Ein Spaßbild, ein Einzelbild als Impuls zum Erfinden einer Quatsch-Geschichte: Lustige Begegnungen auf dem Bahnhof – Die Schultüren gehen auf Reisen.

Durchführung

1. Motivation

1.1. Einstieg mit **AB 1** „Verrückter Tag"
- Bilder betrachten und passende Verse dazu lesen oder umgekehrt.
- Gesprächskreis: Kinder äußern sich dazu, berichten selbst von Aprilscherzen

1.2 Kleine verrückte Aprilgeschichten erfinden.

2. Mündliche und halbschriftliche Gestaltungsphase

2.1 Vorbereitung einer eigenen Unsinngeschichte **(AB 2)**
- Der 1. April ist ein verrückter Tag. Da ist toll was los! Wir betrachten **AB 2**: Die Türen laufen davon! – Aussprache und Vermutungen
- Wortschatzarbeit: Zusammengesetzte Namenwörter bilden und erklären: Haustür, Autotür, Flügeltür, Schultür usf., in PA
- Die Kinder rennen den Türen nach und rufen: Rufe und Redesätze bilden, Sprechblasen ausfüllen, z.B. „Halt! Halt! Stehenbleiben", usf.

2.2 Das Arbeitsblatt in EA oder PA ausfüllen.

3. Schriftliche Gestaltungsphase
Eine kurze Beispielgeschichte erstellen **(AB 3)**

3.1 Mündliches Erzählen: Was die Türen auf ihrer Wanderschaft alles erleben – Beispiel für die Flügeltür: Mich hat der Hotelbesitzer eines Tages einfach ausbauen lassen. Die Gäste haben sich beschwert, weil ich immer gequietscht habe. Mir hat das Spaß gemacht. Die Handwerker haben mich einfach auf die Straße geworfen. Da bin ich aber schnell davongeflogen.
- Einen vorgegebenen Lückentext mit vorgegebenen Satzteilen sinnvoll ergänzen **(AB 3)**
- Was die Kinder mit den Türen alles erleben

3.2 Eine lustige spannende Quatschgeschichte erfinden: **(AB 4)** Schultüren gehen auf Reisen
- Gestaltung in einer Schreibgruppe oder in PA.

4. Präsentation
Illustrieren, vorlesen, aushängen.

Verrückter Tag

Josef Guggenmos

Ist das ein verrückter
1. April!

Heut ist toll was los,
heut hält nichts mehr still.

Der Tisch steht nicht länger,
wie sonst, steif und stumm,
er rennt mit den Stühlen
im Zimmer herum.

Schau vor dem Fenster
marschieren vorbei
Kirche und Wirtshaus,
mit der Schule sind's drei.

Heut kann man die Bäume,
die starken, die dicken,
mit Säcken und Körben
zum Einkaufen schicken.

- Betrachte die Bilder und lies die Verse dazu.
- Denke dir zu einem Bild eine kurze Geschichte aus und erzähle sie im Erzählkreis.
- Notiere Gegenstände, die auch davonlaufen könnten.

Riedl/Schweiggert: Bilder lesen, Texte schreiben 1./2. Klasse © Brigg Pädagogik Verlag GmbH, Augsburg

Quatschgeschichten 2

Halt! Halt! Die Türen laufen davon!

Eine Tür mit Dach geht spazieren.

Es ist eine

Diese Tür hat Flügel und fliegt davon.

Es ist eine

Diese Tür kommt von der Schule.

Es ist eine

Und diese Tür fährt mit dem Auto davon.

Es ist eine

Ofen   Keller   **Tür**   Stall   Kirche

Küche   Zug

- Betrachtet die Bilder oben. Was sind es für Türen?
  Notiert die Wörter.
- Die Kinder rennen den Türen nach. Was rufen sie?
  Notiert in die Sprechblasen.
- Kennt ihr noch andere Türen? Erfindet neue Wörter! Zeichnet sie!

Drei Türen auf Wanderschaft

Am 1. April trafen sich drei Türen auf ihrer Wanderschaft und erzählten sich ihre Erlebnisse.

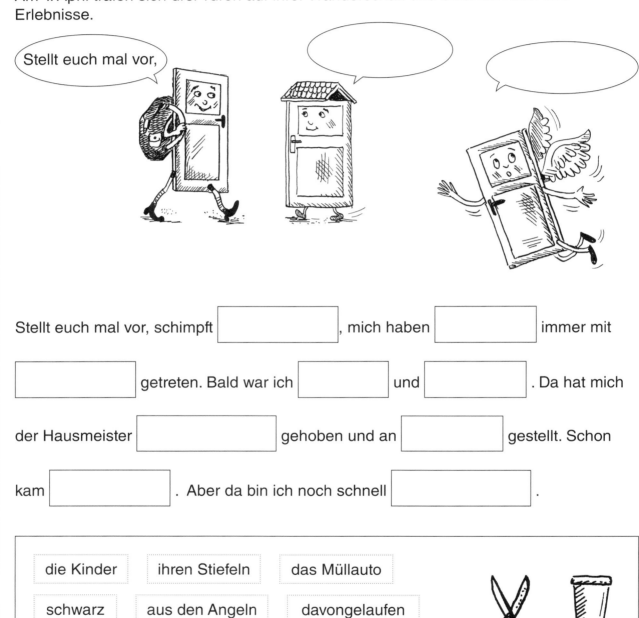

Stellt euch mal vor, schimpft [ ], mich haben [ ] immer mit

[ ] getreten. Bald war ich [ ] und [ ]. Da hat mich

der Hausmeister [ ] gehoben und an [ ] gestellt. Schon

kam [ ]. Aber da bin ich noch schnell [ ].

die Kinder	ihren Stiefeln	das Müllauto
schwarz	aus den Angeln	davongelaufen
schmutzig	die Straße	die Schultür

● Schneidet zuerst die Wörter im Kasten unten sauber aus.
● Lest die Geschichte und versucht, die passenden Wörter einzusetzen.
● Schreibt dann die kleine Geschichte in euer Heft.

Riedl/Schweiggert: Bilder lesen, Texte schreiben 1./2. Klasse © Brigg Pädagogik Verlag GmbH, Augsburg

Quatschgeschichten 4

Zwei Türen gehen auf Reisen

- Betrachtet das Bild genau. Verwendet die Lupe.
- Überlegt, was die Personen auf dem Bahnsteig sprechen.
- Erfindet eine lustige Geschichte: „Zwei Schultüren auf Reisen".

Fotogeschichten

A: Bilder lesen
Aufgaben

- Bilder (Fotos) bewusst wahrnehmen und sie einer kritischen Betrachtungsweise unterziehen
- Lernen, dass Fotos auch eine vorgetäuschte Realität zeigen, die vom Betrachter nicht hingenommen werden muss
- Sich langsam eine kritische, distanzierte Haltung und differenzierende Sehweise gegenüber Bildern aneignen
- Bildmanipulationen durchschauen lernen
- Feststellen, dass Bilder unterschiedlich gesehen und bewertet werden können.

Betrachtungsmöglichkeiten

- Die im Foto gezeigte reale Situation hinterfragen, mit der Wirklichkeit konfrontieren **(AB 1)**
- Bilder mit der eigenen unmittelbaren Erfahrung vergleichen und eigene Bild-Erfahrungen einbringen **(AB 2)**
- Im Bild Hinweise suchen, die die Glaubwürdigkeit des Bildes in Frage stellen. **(AB 2)**

B. Textproduktion
Aufgaben

- Zu lustigen Tierfotos eine Kurzgeschichte erfinden **(AB 2)**
- Zu einem lustigen, manipulierten Foto Wortmaterial sammeln **(AB 3)**
- Mittelteil erzählen, dazu die Vorgeschichte und den Ausgang der Geschichte erfinden
- Die Erzählabschnitte einer vorgegebenen Geschichte („Das Kamel im Taxi") ordnen und eine Überschrift aussuchen.

Inhalt der Arbeitsblätter

AB 1: Der starke Vater und seine Tochter
AB 2: Vier Tierfotos: Die Meise im Herrenschuh; Das Kamel im Zoo; Die neugierigen drei Kätzchen; Das Kälbchen auf Mutters Rücken
AB 3: Kamel im Taxi: Ein Foto deuten, eine Vorgeschichte und eine Fortsetzung erfinden
AB 4: Die Abschnitte einer vorgegebenen Geschichte ordnen und eine treffende Überschrift erfinden.

Durchführung

1. **Motivation**
   - Bildbetrachtung: **AB 1** – Vater und Tochter Bildtext dazu lesen/Bild genau und kritisch betrachten; Aussprache
   - Äußerungen: Foto echt oder gefälscht?
   - Was ist möglich? Was nicht? Ananas, Ball, Krug mit einer Hand hoch heben; Was ist nicht möglich? Baum, Schwein, Sofa
   - Erkenntnis: Bilder kritisch betrachten Vorsicht: Sie können dich beschwindeln.

2. **Mündliche Gestaltungsphase**

   2.1 Die absichtliche Bildtäuschung **(AB 2)**
   - Bewusste Betrachtung der vier Tierbilder: Inhalt der Fotos, Namen und Verhalten der Tiere – Aussprache
   - Äußerungen über die einzelnen Fotos, jetzt mit der Überlegung: Schnappschuss oder Trick
   - Ergebnis 1: Trickaufnahme: eine gestellte oder gefälschte Aufnahme – getrickst oder manipuliert
   - Ergebnis 2: Schnappschuss ist eine im richtigen Augenblick gelungene Aufnahme

   2.2 Oft wird mit Fotos etwas vorgetäuscht, was in Wirklichkeit gar nicht so geschehen ist. Nicht nur mit Worten kann man lügen, sondern auch mit Fotos kann man belogen werden (s. Kälbchen auf dem Rücken).

3. **Schriftliche Gestaltungsphase**

   3.1 Bild als Erzählanlass „Das Kamel im Taxi" Eine Geschichte dazu erfinden **(AB 4)**
   - Vorbereitung einer kurzen Geschichte:
   - Bildbetrachtung und Aussprache in PA: Vermutungen: Wie kommt das Kamel in das Taxi? Was ruft der Taxifahrer? Wie fühlt sich der Taxifahrer?
   - Wortmaterial und Einfälle für eine Vorgeschichte und den Ausgang in PA sammeln und notieren

   3.2 Selbstständiges Aufschreiben

   3.3 Die Abschnitte und Überschriften einer lustigen Tiergeschichte „Das Kamel im Taxi" sind vorgegeben.
   - Die Abschnitte sind zu ordnen, PA oder EA.
   - Eine Überschrift ist auszuwählen.

   3.4 Evtl. selbstständiges Erfinden und Aufschreiben einer ähnlichen Geschichte.

Der starke Vater

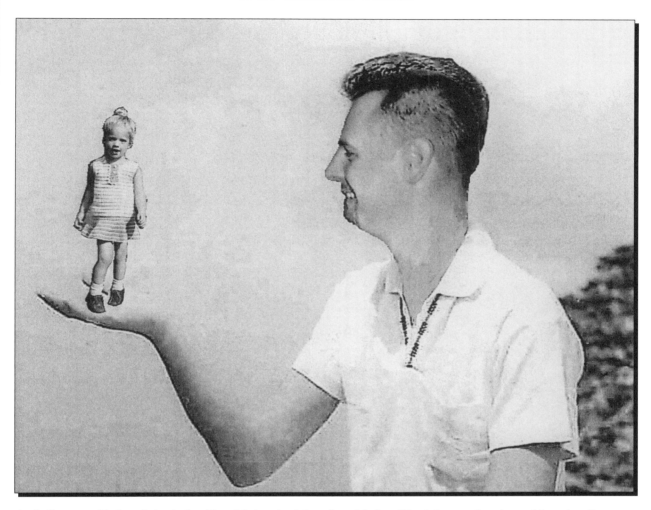

Auf diesem Foto siehst du: Der Vater hebt seine kleine Tochter auf seiner Hand mit Leichtigkeit hoch. Und der Vater lacht auch noch dabei. Da staunst du? Oder du wunderst dich? Merkwürdig! Was ist da los?

- ● Betrachtet gemeinsam das Foto oben. Lest den Text darunter. Sprecht miteinander darüber. Ist das möglich oder nicht? Aber es ist doch eine Fotografie? Was haltet ihr von dem Foto?
- ● Betrachtet dann die Dinge. Was kann Vater mit einer Hand tragen? Streiche durch, was Vater nicht mit einer Hand tragen kann.

Lustige Tierbilder – echt oder gefälscht?

Die Meise im Herrenschuh
Schnappschuss oder Trick?

Das Kamel im Zoo
Schnappschuss oder Trick?

Die neugierigen Kätzchen
Schnappschuss oder Trick?

Das Kälbchen auf dem Rücken
Schnappschuss oder Trick?

Achtung Falle!
Schau genau! Fotos könnten dich beschwindeln.

Eine **Trickaufnahme** ist eine gestellte oder eine gefälschte Aufnahme. Der Fotograf hat getrickst.

Ein **Schnappschuss** ist nicht gestellt. Der Fotograf hat im richtigen Augenblick den Auslöser gedrückt.

- Betrachtet die Fotos ganz genau und überlegt: Welches könnte echt sein?
- Welches könnte gefälscht sein? Schnappschuss oder Trick? Kreuze (**X**) an!
- Wählt ein Bild aus und denkt euch eine kleine lustige Geschichte dazu aus.

Riedl/Schweiggert: Bilder lesen, Texte schreiben 1./2. Klasse © Brigg Pädagogik Verlag GmbH, Augsburg

Das Kamel im Taxi

● Was war vorher?

Der Taxifahrer vor seinem Wagen

Wie fühlt sich der Taxifahrer?

(kreuze an)

○ er erschrickt

○ er lacht

○ er staunt

○ er ist wütend

○ er ärgert sich

Was ruft der Taxifahrer?

(kreuze an)

○ Raus mit dir!

○ Was ist denn das?

○ Wem gehört das Tier?

○ Hi! Wie geht es dir?

○ Wohin willst du?

● Was ist nachher?

● Betrachtet das Foto „Das Kamel im Taxi". Ein lustiges Bild für eine lustige Geschichte. Wie fühlt sich der Taxifahrer? Was ruft er?
● Sprecht darüber, was war vorher? Wie geht die Geschichte aus?
● Sammelt eure Einfälle und notiert Wörter, Ausdrücke auf den Linien.

| | Zuerst marschierte es durch die Stadt. Es bekam Hunger und fraß an einem Obststand eine Kiste Birnen leer. Die Marktfrau schimpfte, die Fußgänger lachten. |

Einem Kamel hatte das Leben im Tierpark überhaupt nicht mehr gefallen. Es hatte große Sehnsucht nach der weiten Wüste. Eines Tages machte sich das Trampeltier heimlich davon.

Das Trampeltier schlüpfte hinein, streckte den Kopf aus dem Fenster und wartete. Da kam der junge Taxifahrer aus dem Bistro herbei. Als er den ungebetenen Fahrgast sah, erschrak er und rief: „Was willst denn du in meinem Taxi?" Das Kamel brüllte: „Üch wüll ün dü Wüschte!"

Dann trampelte es weiter durch die Straßen und gelangte zu einem großen Platz. Dort wartete ein Taxi auf Fahrgäste. Der Taxifahrer saß im Café nebenan.

| Ein schwieriger Fahrgast | Ein wichtiger Auftrag | Überrascht! |

 Eine Geschichte musst du in der richtigen Reihenfolge erzählen.
Wähle für die Geschichte eine passende Überschrift.

● Die Geschichte ist durcheinandergeraten.
● Lies zuerst mit deinem Partner die Abschnitte durch.
● Ordnet und nummeriert die Abschnitte in der richtigen Reihenfolge von 1 bis 4.

Riedl/Schweiggert: Bilder lesen, Texte schreiben 1./2. Klasse © Brigg Pädagogik Verlag GmbH, Augsburg

92

Literatur:

Bücken, H. (Hrsg.): „Bilder und was man damit machen kann", Freiburg 1985

Doelker, Ch.: „Ein Bild ist mehr als ein Bild", Visuelle Kompetenz in der Multimedia-Gesellschaft, Stuttgart 1997

Hartwig, H. (Hrsg.): „Sehen lernen, visuelle Kommunikation", Köln 1978

Eucker, J. von / Kämpf-Jansen, H.: Bilder lesen – Bilder herstellen lernen", Köln 1978

Quellenangaben zu Texten und Abbildungen:

S. 47   Paul Klee, „Familienspaziergang" 1930, aus „Handzeichnungen", Insel-Bücherei Nr. 294

S. 59 ff.   Zirkusfiguren, aus: Inge Behr: „Mit Staunen fängt es an", Werkbuch für religiöse Erziehung, Göttingen 177, S. 54 f.

S. 64 ff.   Bildfolge „Vogel-Fisch-Geschichte" aus: Christel Hannig: „Bildgeschichten: gepuzzelt", Schwann 1980

S. 84   „Verrückter Tag" von Josef Guggenmos, aus: „Wenn Riesen niesen", Wien-Heidelberg 1980, S. 71 (gekürzt)

S. 89   „Der starke Vater", Collage von F. X. Riedl

S. 90 f.   Fotogeschichten: Lustige Tierbilder – echt oder gefälscht?
          „Die Meise im Herrenschuh", aus: Internet:
          http://www.linternaute.com/Insolite/humour/diaporama/galerie6 © Bernard MUGICA
          „Die neugierigen Kätzchen" ebenda
          „Das Kälbchen auf dem Rücken" ebenda
          „Das Kamel im Taxi" ebenda
          „Das Kamel im Zoo" © Riedl, F. X.

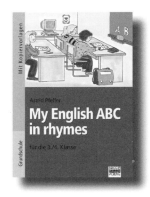